KB231462

라베르, 김연종 플라워 멘토의
간단 디자인에서 상품 디자인까지

프리저브드 플라워 & 디자인

플로라

이 도서의 국립중앙도서관 출판예정도서목록(CIP)은 서지정보유통지원시스템 홈페이지(http://seoji.nl.go.kr)와
국가자료공동목록시스템(http://www.nl.go.kr/kolisnet)에서 이용하실 수 있습니다.(CIP제어번호 : CIP2016004128)

라베르, 김연종 플라워 멘토의
간단 디자인에서 상품 디자인까지

프리저브드 플라워 & 디자인

초판1쇄 발행 2016년 3월 25일
3쇄 발행 2018년 2월 01일

지은이 김연종
펴낸이 이지영

편 집 이종택
사 진 월간 플로라
디자인 Design Bloom

펴낸곳 도서출판 플로라
등 록 2010년 9월 10일 제 2010-24호
주 소 경기도 파주시 회동길 325-22(서패동) 301호
전 화 02.323.9850
팩 스 02.6008.2036
메 일 flowernews24@naver.com

종이책 ISBN 979-11-957280-8-4 13630
전자책 ISBN 979-11-87261-03-2 15630

이 전자책은 한국출판문화산업진흥원 '2016 텍스트형 전자책 제작지원' 선정작입니다.

PRESERVED FLOWER & DESIGN

라베르, 김연종 플라워 멘토의 간단 디자인에서 상품 디자인까지

프리저브드 플라워 & 디자인

김연종 지음

플로라

인생의 2막을 꿈꾸는 당신에게

프리저브드 플라워의 매력에 빠져 보낸 지난 10년의 시간은 어떻게 지나갔는지 모를 정도로 빠르게 지나 갔습니다. 프리저브드 플라워를 처음 보았던 때부터 전문강사를 길러내고 있는 지금에 이르기까지, 지난 시 간을 돌이켜 보면 '꽃을 만들었던 것' 이 아니라 '나를 만들었던 시간' 이었던 것 같습니다. 프리저브드 플라 워를 만나기 전과 후의 삶이 완전히 달랐으니까요.

매력적인 꽃을 더 아름답게 만들기 위해 시작한 프리저브드 플라워 전문점인 〈라베르 LAVERT〉를 시작 으로 본격적인 사업에 뛰어들었지만 과정은 그렇게 아름답지 않았습니다.

"프리저브드가 뭐에요?", "가격이 만만치가 않네요!", "사람들이 살까요?"

이런 말을 들을 때면 열정으로 뜨거워진 가슴이 차갑게 식었으니까요. 〈라베르〉 초기에는 온탕과 냉방을 하루에도 몇 번씩 오갔습니다. 하나하나 차근차근, 프리저브드 플라워를 알리는 일부터 시작했어요. 전시회 와 박람회에 쫓아다니면서 저의 브랜드 보다는 프리저브드 플라워를 알리는 일에 더 힘을 썼던 것 같아요.

프리저브드 플라워의 인식이 자리를 잡아갈 때 쯤, 두 가지를 기준으로 〈라베르〉의 시간을 채워나갔습니 다. 첫 번째는 차별화된 디자인 개발이고 두 번째는 전문화된 커리큘럼의 개발이었습니다. 일반인들이 좋아 할 만한 디자인을 만들어가는 과정, 그리고 저와 함께 프리저브드 플라워를 이끌어갈 강사를 키워내는 일이 사업의 성패를 가른다고 생각했기 때문입니다. 돌이켜보면 길고도 험한 시간이었지만 지금의 결과를 보면 즐거운 고생이었던 것 같습니다.

프리저브드 플라워를 알기 전까지 전 '집사람' 이었습니다. 취업을 위해 열심히 공부하고 치열하게 직장 생활을 하다 지금의 남편을 만나 결혼하고, 아이를 낳고, 남편과 아이를 위해 시간을 보내던 평범한 가정주 부였습니다. 그런 삶에 익숙해질 때쯤 둘째를 가졌는데, 그때부터 왠지 모를 회의감이 들기 시작했습니다. 내가 이루고자했던 꿈, 젊은 시절에 그렸던 나의 모습에서 너무나도 멀리 떨어져 있는 '나' 를 보았고 인생의 2막을 위한 고민에 빠졌습니다.

가정주부인 제가 20대처럼 꿈만 좇아 살 수는 없겠지만, 그렇다고 누구의 아내, 누구의 엄마로만 머물고 싶지는 않았습니다. 가정과 일이라는 딜레마를 긍정적으로 헤쳐 나갈 수 있는 일을 찾고 싶었습니다. 무엇보다 새로운 '나'를 찾는 일이기에 신중하면서도 과감한 결단이 필요했습니다. '좋아하는 일, 즐기면서 할 수 있는 일'이 첫 번째 기준이었고 '경제적인 여유를 가져다 줄 수 있는 일'이 두 번째 기준이었습니다.

"꽃을 좋아함, 꽃 중에서도 프리저브드 플라워는 발전 가능성이 높음."

프리저브드 플라워를 보는 순간 이렇게 확신이 들었습니다. 알아 갈수록 확신은 커갔습니다. '생화 같지만 생화와는 전혀 다른' 이 꽃에 투영된 이미지가 '지금의 삶을 이어가면서도 다른 삶을 시작하고 싶어 하는' 나의 소망과 겹치면서 더욱더 빠져들었죠.

빨간색의 프리저브드 장미에 초록의 헤데라를 매치해 만든 첫 작품이 생각납니다. 귀여운 토피어리였는데 굉장히 신나하던 모습도 떠오릅니다. 그날의 즐거움이 지난 10년의 첫 페이지를 장식힐 줄은 꿈에도 몰랐습니다. 지금도 그 즐거움은 계속되고 있습니다. 상상만 했던 컬러들이 현실이 되어 눈앞에 나타나고 다양한 소재들이 쏟아져 나올 때마다 새로운 디자인을 만들어 낼 생각에 가슴이 뜁니다.

이런 떨림을 누군가에게 전할 수 있다면 얼마나 좋을까요? 예전 나와 같은 고민으로 길을 찾는 이들에게 말해줄 수 있다면 얼마나 좋을까요? 많은 사람들과 함께 나누고 싶다는 생각이 들어 책을 만들었습니다.

이 책은 프리저브드 플라워를 위한 기초지식과 초보자부터 전문가까지 활용가능한 상업적인 디자인이 가득한 실용적인 내용으로 꾸몄습니다. 제가 인생의 2막을 프리저브드 플라워로 시작했듯이 '10년 전의 나'와 같은 고민을 하고 있을 여성들에게 나의 첫 번째 책이 도움이 되었으면 합니다.

이 책을 위해 기꺼이 디자인에 참여해주신 선생님들과 언제나 응원과 용기로 도움을 준 나의 사랑하는 남편, 그리고 나의 아이들 태희, 태유에게 감사의 마음을 전합니다.

김연종

프리저브드
플라워의 매력

프리저브드 플라워(Preserved Flower)는 '보존된 꽃'이라는 의미로 '시들지 않는 꽃'을 말한다. 생화의 조직을 유지하면서 생화의 수분을 뽑아내고 박테리아의 발생을 억제하는 프리저브드액을 투입하는 기술에 의해서 꽃잎의 부드러움을 유지하여 생화와 같은 유연함을 오랫동안 즐길 수 있는 가공된 생화이다. 탈수, 착색, 건조의 3단계 기술 과정을 통해 생화가 시들지 않도록 처리되는데, 탈수 과정 중 생화의 수분이 빠져 나올 때 생화 고유의 색분자도 빠져 나오기 때문에 착색의 과정에서 별도의 인공적인 염색 처리를 하게 된다. 이 때 생화에서 볼 수 없는 블루나 블랙 등의 환상적인 색상을 발현해 낼 수 있다. 또한 심오함을 느끼게 하는 그러데이션 컬러(Gradation Color-탈색효과, 색의 바램)의 가공도 가능하여 생화에 비해 다양한 컬러 배색이 가능하다.

프리저브드의 가장 큰 특징은 물을 줄 필요가 없다는 것이다. 또한 생화보다 가벼워 많은 작업량에도 노동의 강도는 생화로 작업할 때보다 적다. 꽃 업계의 많은 인력이 여성인 점을 생각하면 노동의 강도가 약하다는 것은 매우 큰 장점으로 다가온다.

REAL FLOWER : 100% 자연 소재로 만들어진다.

MAINTENANCE-FREE : 물을 주지 않아도 되기 때문에 특별한 관리가 필요하지 않다.

ECONOMICAL : 긴 수명으로 투자 대비 경제적이다.

NON TOXIC : 무독성 보존제를 사용하여 환경과 인체에 안전하다.

LONG-LASTING : 오랜 시간 그 아름다움이 보존된다.

EASY TO MODEL : 부드럽고 유연해 상품 제작에 용이하다.

PART 1 About Preserved Flower   BASIC

PART 3 Four Season Preserved Flower   BUSINESS

About Preserved Flower

PRESERVED FLOWER & BASIC

1. Flowers & Tools

1) 프리저브드 플라워의 다양한 종류

· 꽃 소재

로즈카논 M ｜ 일반적인 장미의 크기로 가장 많이 사용되는 크기이며 장미 종류 중 가장 색상
이 다양하다.

잉글리쉬 로즈 ｜ 작지만 굽이치는 꽃잎의 화형이 매력적이다. 봉오리보다는 활짝 피워 화려한
겹을 볼 수 있도록 사용하는 것이 좋다.

프렌치마리안 ｜ 화형이 3～6cm. 5월 담장에서 흔히 볼 수 있는 가든로즈이다. 미니 장미가 활
짝 만개한 화형을 그대로 프리저브드 처리하였다.

카네이션 ｜ 국내에서 점점 더 많이 사랑받고 있는 카네이션은 장미의 대체 꽃으로도 활용도가
높다. 그외에도 거베라, 다알리아, 국화 등 다양한 꽃들이 늘어나고 있다.

장 미

로즈카논M	레드	퀸 레드	플로티 오렌지	모닝 옐로	스위트 라일락
	프랑보와즈	스트로베리	프린세스 핑크	샤벳 핑크	브라이덜 핑크
	캔디 핑크	화이트 샴페인	앤티크 화이트	퓨어 화이트	프레쉬 그린

잉글리쉬 로즈 (타마리로즈)	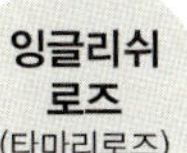 레드	 프린세스 핑크	 브라이덜 핑크	 화이트 샴페인	 앤티크 화이트	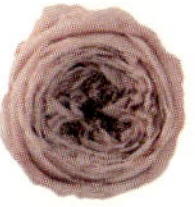 모브 핑크
프렌치 마리안	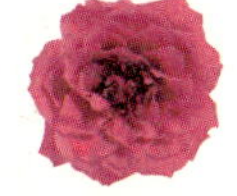 스트로베리	 브라이덜 핑크	 퓨어 화이트	 모닝 옐로	 프레쉬 그린	

카네이션	 레드	 코랄 핑크	 엔젤 핑크	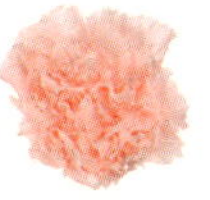 브라이덜 핑크	 크림 피치	 피치 샤벳
	 스트로베리	 모브 핑크	 화이트 샴페인	 퓨어 화이트	 모닝 옐로	 프레쉬 그린
거베라	 화이트	 핑크	 레드	 오렌지	 후르츠 오렌지	 모닝 옐로
다알리아	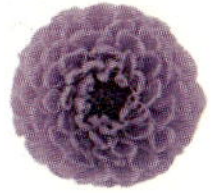 퍼플	 스트로베리	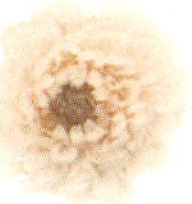 피치	 베이비 핑크		

핑크

그린

화이트

라벤더

베이비 핑크

펄 화이트

민트

파우더 블루

퍼플

그린

콜리어 그린

핑크 그린

베이비 핑크

스트로베리

화이트

나비수국

작은 열매 같은 봉오리와 매달려 있는
헛꽃이 산열매에 올라앉은 듯한 모양
의 나비수국. 국내에 있는 납작한 산수
국에 비해 길게 꽃망울이 올라오고 줄
기와 길이도 60cm이상 되어 긴 화병
에 병꽂이용으로 디스플레이가 가능한
소재다.

수국

다른 프리저브드 플라워 꽃 소재 대비
저렴한 비용으로 볼륨감을 줄 수 있다.

겹수국

하늘하늘한 잎이 여러 겹으로 겹쳐 피어
나는 겹수국이다. 국내에서 볼 수 있는
겹수국에 비해 꽃대가 길어 늘씬한 길이
감을 가지고 있다. 다양한 컬러를 선택하
여 사용할 수 있고 투톤의 내추럴한 컬
러도 매력적이다.

민트플라워

민트향의 원료 꽃으로 층층이 꽃형태로 시원한 라인을 살릴 수 있는 디자인에 사용할 수 있다.

플렌티나

마른소재 느낌으로 아기자기한 표현을 만들어 준다.

미니 국화

꽃잎과 꽃받침 연결이 매우 약해 섬세하게 다루어야 한다.

핑퐁 국화

생화에서도 사랑받는 핑퐁 국화는 핑퐁이라는 명명처럼 둥근 형태를 가지고 있으며, 장미또는 다른 소재와 어렌지 했을 때 무난하게 잘 어울리는 소재이다.

가데니아(치자꽃)

국내 치자꽃보다 큰 화형으로 부케 등에 사용하면 고급스럽다.

심비디움

고급스러운 어렌지에 포인트가 될 수 있는 프리저브드 플라워이다.

카틀레아

화려한 형태가 매력적인 카틀레아는 작품에서 포인트를 주고 싶을 때 사용하면 좋다.

스카비오사

생화의 컬러와 부드러움이 그대로 살아있다.

· 잎 소재 / 열매 소재

그린 소재는 없어서는 안될 '약방의 감초' 같은 존재다. 소재의 다양성이야말로 디자인의 영감을 떠올릴 수 있는 모티브가 될 수 있기 때문이다. 프리저브드 플라워를 처음 시작했을 때 느낀, 소재에 대한 갈증은 최근 새롭게 쏟아져 나오고 있는 소재들로 인해 완전하게 풀렸다고 해도 과언이 아니다. 매년 새 시즌에 발표되는 소재들을 기대해도 좋다.

오크리프
연그린
중형 그린 소재

회양목
그린
잔잔한 소재로 파스텔 톤이나
화사한 어렌지에 잘 어울림

유카리 열매
실버그레이
고급스러운 그린 소재

에리카
핑크
남아프리카
원산지의
필러 꽃 소재

퓨베센스
실버
빌로드의 표면을 지녀
은은한 광택이 있음

루스커스가든
밝은 그린
중형 그린 소재
열매 있는 것과 없는 것 별도 포장

코튼필리카
옐로, 화이트, 오렌지
필러 소재 미니 플라워

헤데라
중형 그린 소재
열매가 있는 것과 없는 것을 별도 포장

피토스
그린, 와인, 워시그린
잔잔한 소형 그린 소재

측백
진한 그린
잎의 형태를 살려 필러
소재로 사용하면 좋음

파바폴리아
그린, 워시그린
잔잔한 소형 유카리 종류

스토베
실버, 와인, 그린
잔잔한 화형으로
필러 소재로
사용하기 좋음

파플러스
와인, 그레이그린
은엽, 유카리로 불리기도 하며
동글동글한 형태의 소재

호랑가시
그린
크리스마스시즌의
대표 소재

아디안텀
연그린
양치과 식물로 그린
소재 중 여리하게 사
용할 수 있는 소재

브랙펀
연그린, 화이트
하늘하늘한
그린필러 소재

니겔라
둥근 형태의 소재로
포인트를 주기에 적
당한 소재이다

페퍼베리
콘플라워
앰버너트
마이크로 카누
시더로즈에드
미니 연밥
미니 바크리
유카리열매
목화반침
믹스너츠
피너스카프리샤스
팔각

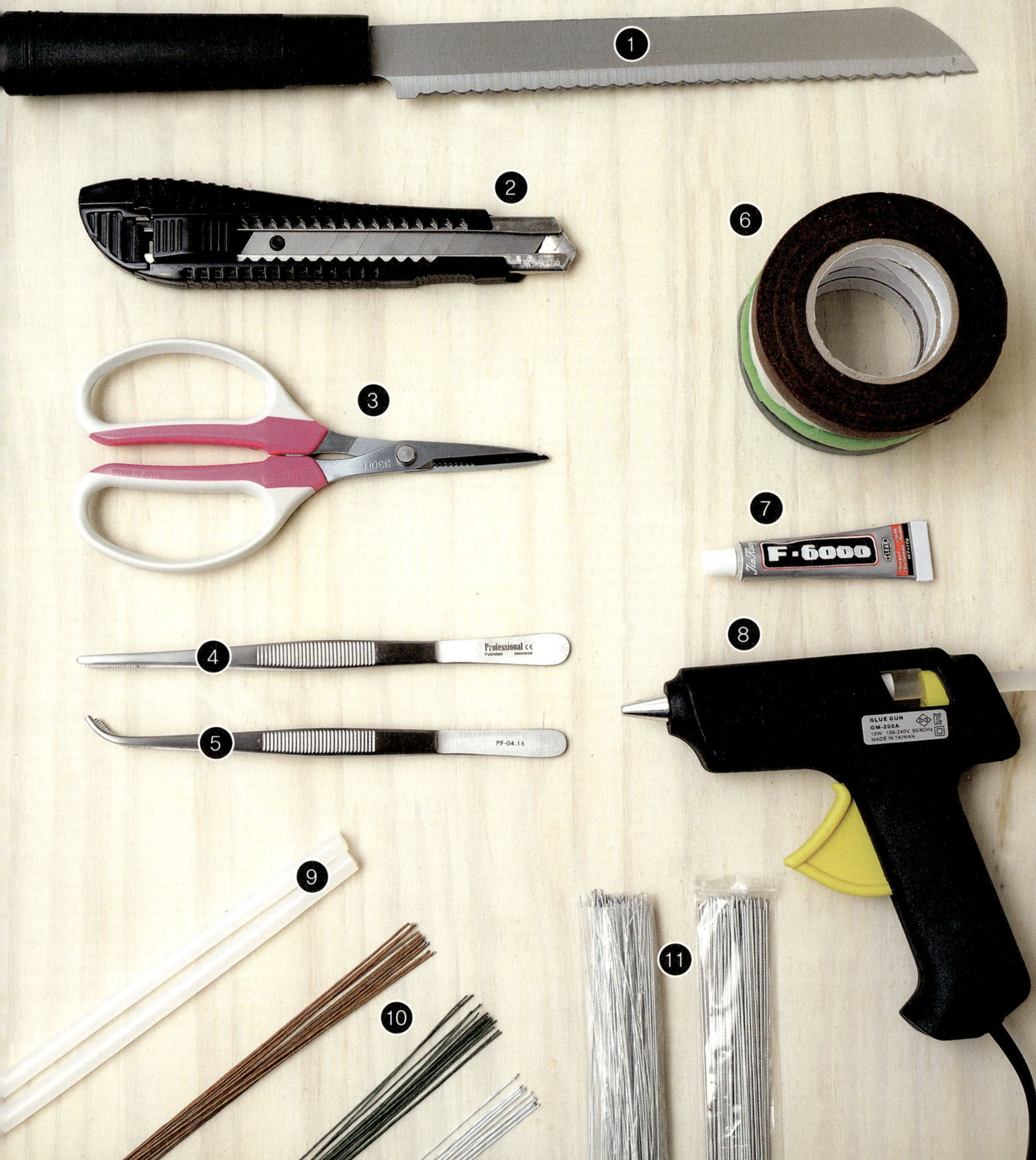

① 베이스커터　　　　화기의 베이스인 우레탄 폼을 자를 때 사용한다. 폼 커터 대신에 빵칼을
　　　　　　　　　　사용해도 괜찮다.

② 커터　　　　　　　우레탄을 섬세하게 자를 때 사용한다. 이때 일반 커터보다 칼날이 잘 고
　　　　　　　　　　정되는 대형 커터를 사용하는 것이 좋다.

③ 와이어용 가위　　　와이어를 자르는데 사용하므로 생화용 가위보다 강도가 센 것을 사용하
　　　　　　　　　　는 것이 좋다.

④ 일자형 핀셋　　　　'꽃 피우기' 테크닉에 사용한다.

⑤ ㄱ자형 핀셋　　　　꽃이나 소재를 꽂을 때 사용한다.

⑥ 플로랄 테이프　　　와이어링한 소재의 줄기를 감싸기 위해 사용하는 종이 테이프. 플로랄
　　　　　　　　　　테이프는 신축성 있는 종이 재질의 접착제로 파라핀이 스며있는 테이프
　　　　　　　　　　이다. 길게 늘여 잡아당겨 사용해야 접착력이 강해진다. 플로랄 테이프
　　　　　　　　　　는 녹색, 연두색, 갈색, 흰색 등의 제품이 나오므로 각 어렌지와 소재의
　　　　　　　　　　색상에 맞추어 사용한다.

⑦ 다용도 접착제　　　꽃잎을 붙이거나 꽃을 피울 때 사용한다.

⑧ 글루건 / ⑨ 글루심　　베이스 접착과 꽃잎을 붙이는 용도로 사용한다. 글루건과 글루심의 온
　　　　　　　　　　도가 매우 높아 화상을 입을 수 있으므로 안전하게 사용해야 한다. 또한
　　　　　　　　　　장시간 사용을 하면 과열에 의해 합선이 되어 화재의 위험이 있으므로
　　　　　　　　　　되도록 짧은 시간 동안만 사용한다.

⑩ 지철사　　　　　　녹색이나 백색의 종이가 감겨있는 철사로 재료를 묶거나 고정할 때 사
　　　　　　　　　　용하며 상품 제작 시 빠른 작업을 위해 그린 소재를 와이어링 할 때 많
　　　　　　　　　　이 사용한다. 22#, 23#, 27#을 준비하여 사용한다.

⑪ 와이어　　　　　　프리저브드 플라워의 줄기를 연장할 때 사용하며 24#과 22#을 준비한
　　　　　　　　　　다. 꽃과 소재에 와이어 작업을 할 때 와이어에 찔리는 경우가 있으므로
　　　　　　　　　　주의를 기울인다.

2. Technic

1) 화기에 베이스 세팅하기 Base Setting

1   화기의 면적에 알맞게 우레탄을 잘라준다. 우레탄의 높이는 약 3cm 내외의 두께감으로 재단한다.

2   화기에 알맞게 모서리 부분을 잘라준다. 화기의 면적보다 약간 넉넉하게 잘라 살짝 눌러 들어갈 수 있는 정도의 사이즈가 적당하다.

3   우레탄 베이스가 화기 안으로 1cm 정도 들어가게 손으로 눌러 넣어 준다.

4   우레탄과 화기가 맞닿는 부분에 글루건 처리를 하여 베이스가 화기에서 움직이지 않도록 한다.

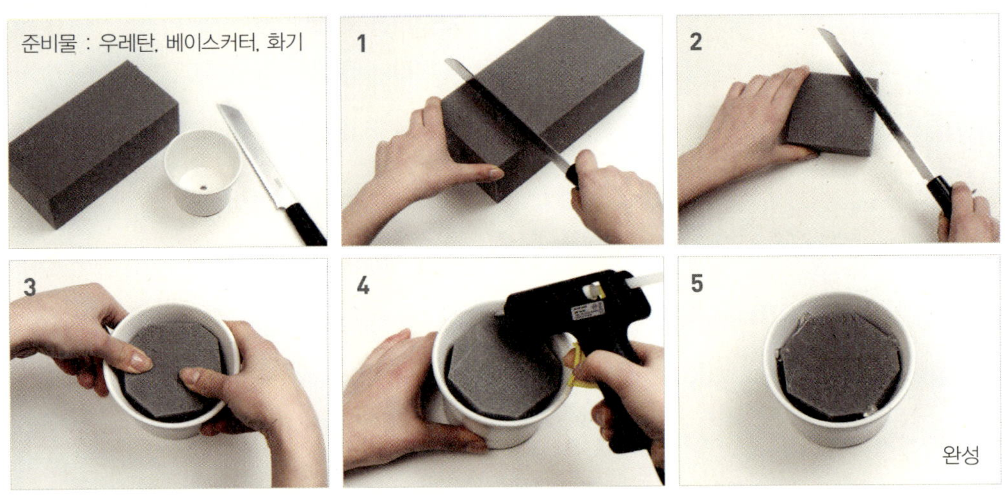

* 우레탄 (비흡수성 폼)

폴리우레탄 성분에 발포성 재료가 혼합되어 제조되는 비흡수성 폼이다. 건조시킨 재료나 인조 재료의 장식에 사용되는 폼은 연화된 조직으로 줄기 삽입이 용이하며 부서지지 않는다. 또한 고정성이 뛰어나고 핫(Hot)글루를 이용한 재료 접착 시 폼이 녹지 않으며 불연재로 화재에 안전하다. 단단하게 와이어를 고정시킬 수 있어 프리저브드 플라워 어렌지의 베이스용으로 적합하다.

2) 소재별 와이어 기법 Wiring Method

기본적으로 플라워 어렌지에서 와이어링 기법은 부케나 코사지를 만들 때 꽃, 줄기, 잎 등을 받치거나 고정하여 디자인하기 쉽도록 인공적인 줄기나 가지를 만들어 사용하는 기법이다.
프리저브드 플라워에서 장미나 카네이션 등은 꽃의 헤드 부분만 완성되어 공급된다. 또한 그린 소재의 경우도 필요한 부분만 절단하여 짧게 사용하는 경우가 많아 어렌지를 시작하기 전에 와이어를 이용하여 인위적인 줄기를 만들어 주는 작업이 반드시 필요하다.

와이어 자르기
만들고자 하는 어렌지의 크기와 화기의 사이즈를 고려하여 1/2, 1/3 등 적당한 비율로 와이어를 45도 각도로 절단하여 사용하다. 와이어를 비스듬히 잘라주면 꽃에 꽂을 때 잘 들어가 와이어 작업을 쉽게 할 수 있다.

와이어 자를 때 주의할 점
와이어를 자를 때에는 가윗날이 손의 바깥 방향으로 가도록 사용한다. 많은 사람이 습관적으로 가윗날을 손으로 오게 하여 와이어를 힘주어 자르다가 다치는 경우가 많으므로 항상 주의한다.

① 크로스 기법 cross

꽃받침 부분이 발달하여 줄기와 꽃받침이 단단한 꽃 종류에 사용하는 기법이다. 와이어를 꽃받침 부분에 줄기와 직각이 되도록 꽂아주는데, 두 개의 와이어를 +자형으로 교차하여 꽂아준 다음 아래 방향으로 구부려 인공줄기를 만드는 방법이다. 장미, 카네이션, 다알리아 등에 사용한다.

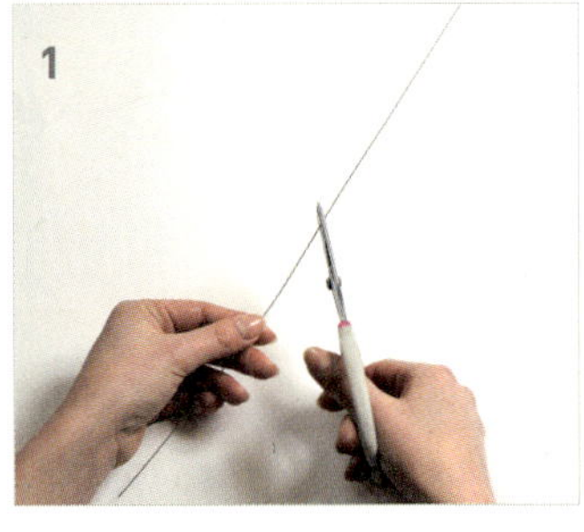

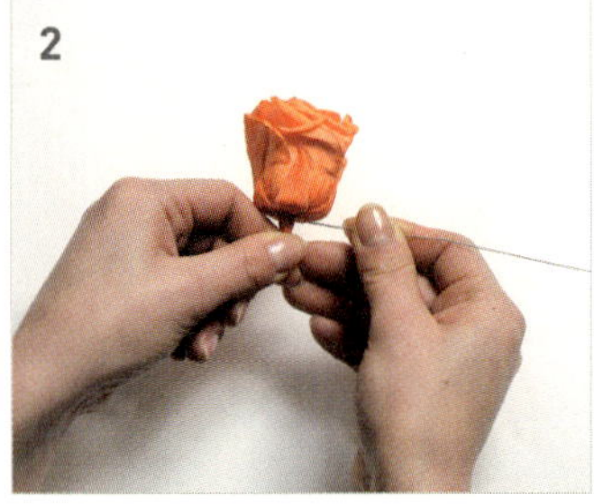

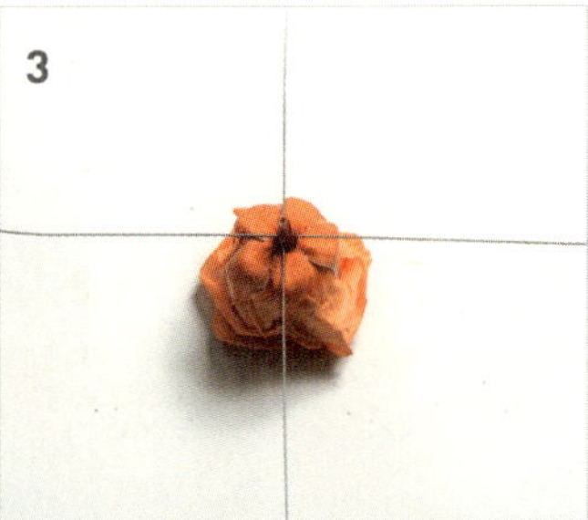

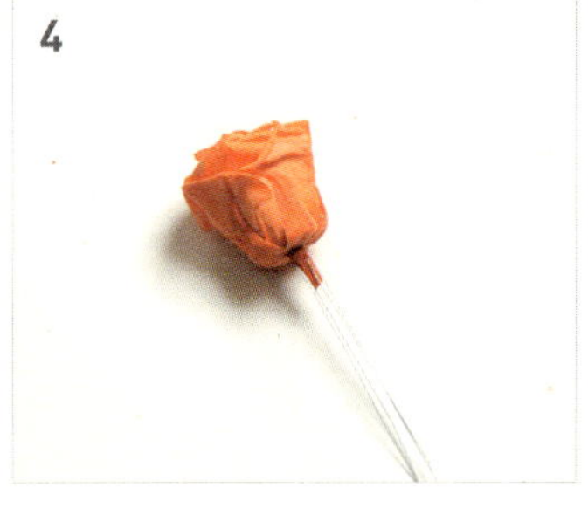

· 장미

1   24# 와이어를 45도 각도로 자른다.

2   와이어를 꽃받침에 최대한 가깝게하여 줄기의 중앙을 관통하여 꽂아준다.

3   두 번째 와이어를 첫 번째 와이어와 십자형이 되도록 하여 줄기의 중앙을 관통시켜 꽂아준다. 이때 두 와이어 사이의 간격을 약간 띄어주는 것이 좋다.

4   와이어를 아래쪽으로 일자로 꺾어준다.

· 카네이션   줄기 부분이 단단하여 와이어가 들어가기 어려우므로 발달된 씨방 부위에 와이어를 꽂아준다.

② 후크 기법 hook

줄기가 약하거나 꽃받침이 약한 꽃 종류에 사용하는 와이어 기법으로 줄기 부분이 손상된 장미에도 빈번하게 사용하는 기법이다. 미니 장미, 국화, 튜브로즈, 스카비오사 등에 사용한다.

1   24# 와이어를 꽃의 중앙 위에서 아래로 일직선으로 꽂아준다.

2   꽃의 중앙을 관통하여 와이어를 아래로 밀어 넣되 윗부분은 약간 남긴다.

3   와이어의 끝 5mm 부분을 가윗날 끝으로 구부려 갈고리 모양을 만들어준다. 이것은 최대한 작게
    만들어준다.

4   갈고리 모양의 끝 부분이 꽃 속에 묻혀 보이지 않을 때까지 아래로 당긴다.

③ 트위스팅 기법 twisting

줄기, 꽃잎, 잎사귀, 리본 등에 와이어를 감아주는 방법으로 와이어를 찔러 넣을 수 없는 꽃이나
가는 가지, 혹은 꽃잎을 모아서 묶을 때 사용된다.

1   지철사 27#을 구부려 수국 줄기 위에 올리고 왼손 검지와 엄지로 잡는다.

2   와이어의 한쪽을 수국 줄기와 다른 와이어에 스프링처럼 감아준다.

3   감아주던 와이어를 아래로 내려 정리한다.

④ **페더링 기법** feathering

꽃 하나를 나누어 작은 꽃 여러 개로 만드는 방법으로, 스탠더드 카네이션을 미니 카네이션으로
만들 때 사용하면 좋다.

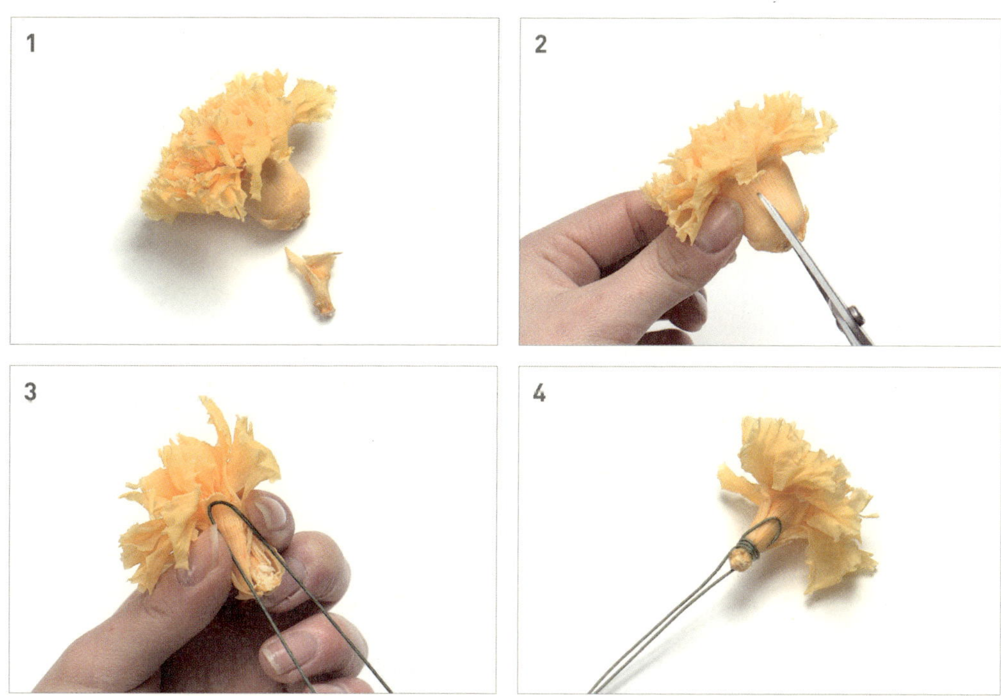

1   줄기의 끝부분을 잘라준다.

2   카네이션을 반으로 잘라준다.

3   카네이션 반쪽을 동글게 말아 주고 26#의 가는 와이어를 구부려 카네이션 반쪽 위에 놓고
    왼손으로 잡아준다.

4   와이어의 한쪽을 구부려 카네이션을 감아 트위스팅 한다. 이때 카네이션 꽃잎이 부서지지
    않도록 손가락 힘을 섬세하게 조절해 주어야 한다.

⑤ 헤어핀 기법 *hair-pin*

와이어를 머리핀 모양으로 잎이나 꽃잎에 꽂아 보강하는 방법으로 헤데라, 살레 등 큰 잎의 그
린 소재에 많이 사용하는 기법이다.

1   잎 뒷면, 잎맥의 가운데를 와이어로 2mm 정도 떠 준다.

2   와이어의 중앙에 잎을 두고

3   아래로 와이어를 꺾어준다.

4   와이어의 한쪽을 구부려 잎의 줄기를 감아 스프링처럼 묶어준다.

⑥ 솔방울 와이어 기법

솔방울 비늘 사이에 지철사를 고정시키는 방법이다. 별도의 글루 작업 없이 지철사로만 고정시킬 수 있다는 장점이 있다.

1   솔방울 결 사이에 22# 지철사를 얹는다.

2   솔방울을 지철사로 둘러준다.

3   지철사를 스프링처럼 감아 고정한다.

4   와이어로 만든 줄기를 가지런히 정리한다. 솔방울의 크기나 무게에 따라 사용하는 지철사의 두께를 다르게 사용한다.

⑦ 열매 등의 와이어 기법

가지가 없는 열매나 구슬 등의 와이어 처리법을 배워 보자

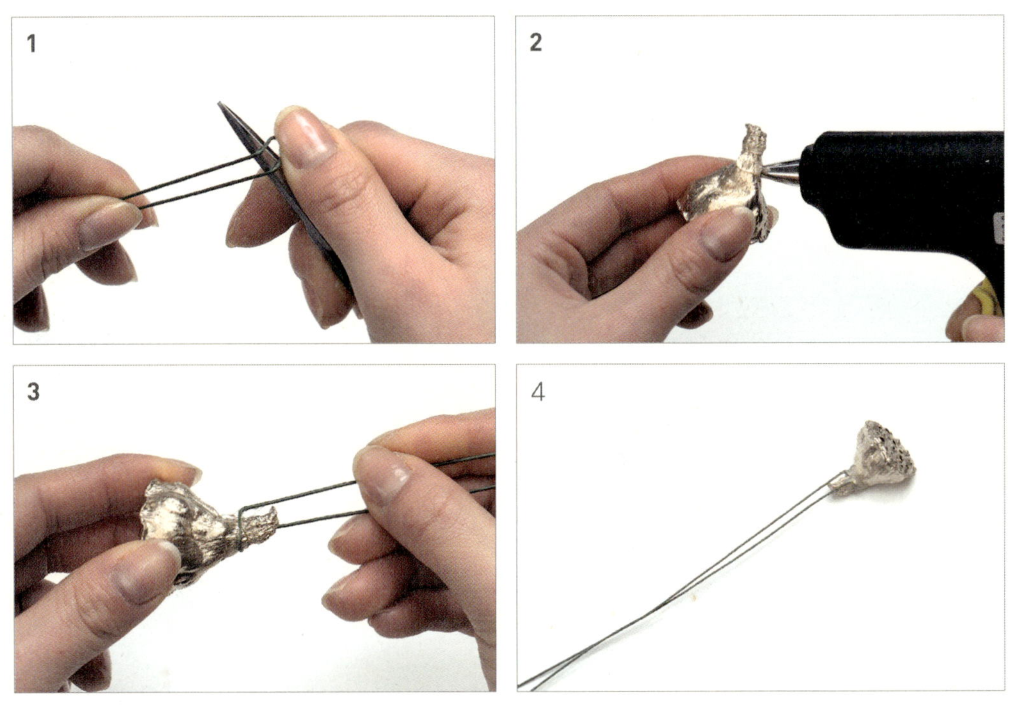

1   와이어를 U자로 만들고 가위를 이용하여 U자의 윗부분을 ㄱ자로 꺾는다.

2   열매의 뒷부분을 글루 처리한다.

3   ㄱ자로 꺾은 와이어를 글루 처리한 열매의 뒷부분에 고정한다.

4   글루가 다 굳을 때까지 잘 놓아두어야 와이어가 떨어지지 않는다.

⑧ 와이어 플로랄 테이프 처리하기

꽃과 소재의 와이어 처리가 끝나면 플로랄 테이프를 이용하여 와이어를 고르고 깔끔하게 마무리해 주어야 한다. 이렇게 하면 와이어가 자연 줄기처럼 보이는 효과가 있다.

1 플로랄 테이프를 길게 쭉 늘려준다.

2 와이어 시작 부분에서 플로랄 테이프를 잡아당기며 수평으로 두 번 정도 감아준다.

3 시작 부분에서 사선으로 감아 내려오면서 와이어를 감아준다.

4 양손으로 잡아당기면서 와이어에 착 붙도록 돌려주어 어렌지를 할 때 테이핑이 풀리지 않도록 마무리한다.

3) 꽃 피우기 Blooming Skill

블루밍 스킬은 주로 장미에 활용한다. 구입한 프리저브드 장미를 박스에서 꺼내보면 결코 화사한 얼굴이 아니다. 화사하고 예쁜 얼굴을 만들기 위한 블루밍 스킬을 익혀 놓으면 꽃꽂이를 할 때 더욱 볼륨감 있는 어렌지를 만들 수 있다.

① 솜을 이용하여 꽃 피우기

솜을 이용한 블루밍 스킬은 프리저브드 장미의 꽃송이가 자연스럽게 벌어지길 원하거나 여름철 습도가 높아 장미 꽃잎이 부드러울 때 활용하면 좋다.

1　일자 핀셋으로 솜을 작게 잡고 장미 꽃잎의 가장 바깥쪽 잎 중심에 솜을 넣어준다. 솜을 넣을 때 힘을 주면 꽃잎이 쉽게 떨어질 수 있으니 주의한다.

2　바깥쪽 꽃잎부터 가운데 안쪽까지 솜을 넣어주면 자연스럽게 핀 장미의 얼굴을 만들 수 있다.

② 멜리아 기법

멜리아 기법은 하나씩 떼어낸 낱장의 장미 꽃잎을 다용도 접착제나 글루건을 이용해 꽃 모양이
나오도록 하나씩 붙여주어 볼륨감 있게 연출하는 방법이다. 솜을 이용하는 방법보다 더 큰 화형
의 장미를 만들 수 있다. 겨울철 건조한 환경에서는 멜리아 기법을 이용해 꽃의 화형을 만드는
것이 좋다.

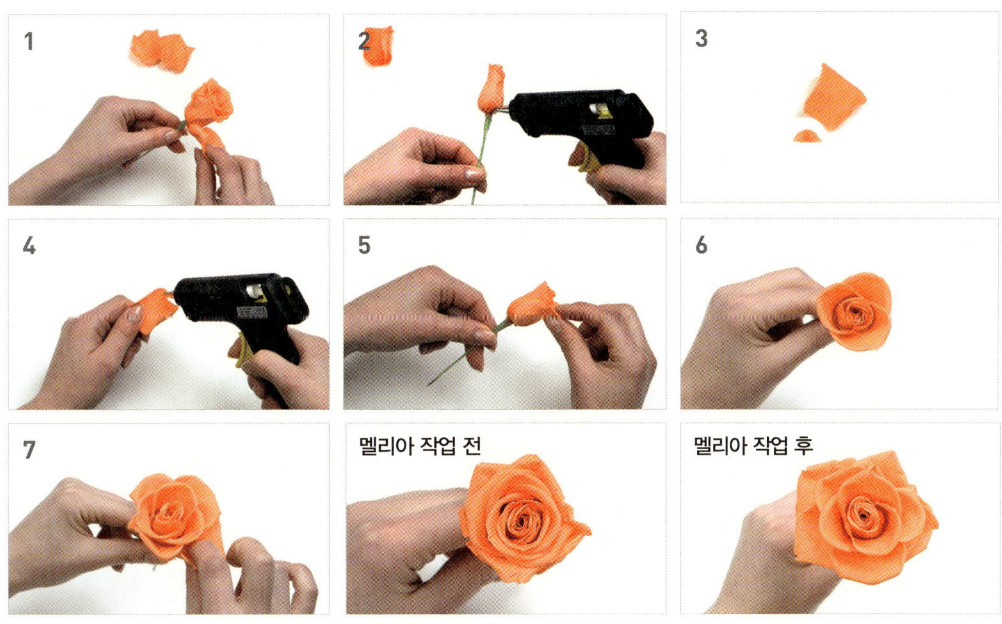

1   장미 꽃송이의 1/3 정도를 남기고 꽃잎을 순서대로 떼어준다.

2   꽃잎이 떨어지지 않도록 봉오리 밑 부분을 글루 처리한다.

3   장미 꽃잎 밑의 심 부분을 U자 형태로 오려준다.

4   작은 꽃잎 절단 부위에 글루 처리한다.

5   꽃봉오리 옆에 약간의 공간을 두고 꽃잎을 붙여준다.

6   기본 세장의 꽃잎을 삼각형으로 붙여준다.

7   나머지 꽃잎 사이사이에 공간을 넓히며 밸런스를 맞추어 붙여준다.

4) 리본의 기초

① 한쪽 보우 리본

프리저브드 플라워 어렌지에 기본적으로 많이 사용되는 한쪽 보우 리본 만들기.

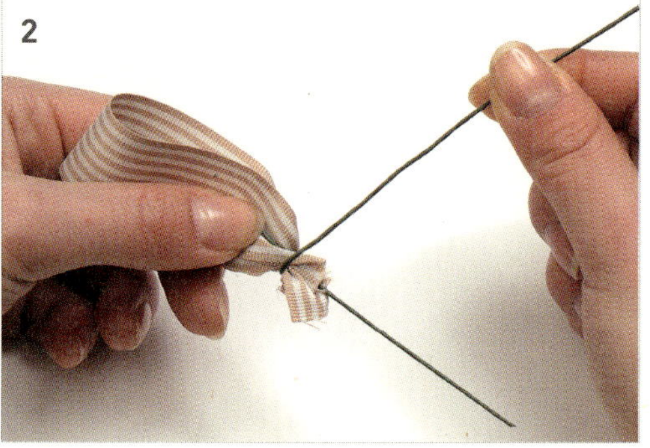

1   리본을 U자형으로 접어 아랫부분에 주름을 살짝 잡고 지철사 27#을 구부려 리본 위에 올려 왼손 검지와 엄지로 잡아준다.

2   와이어의 한쪽을 구부려 다른 와이어를 감싸며 스프링처럼 감아준다.

3   세번 정도 감아 아래로 내려 마무리한다.

② 싱글 리본 보우

와이어를 이용해 간단하게 만드는 볼륨 마무리 리본.

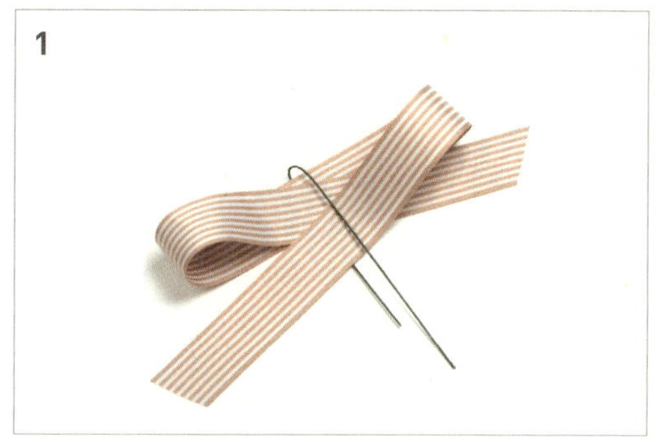

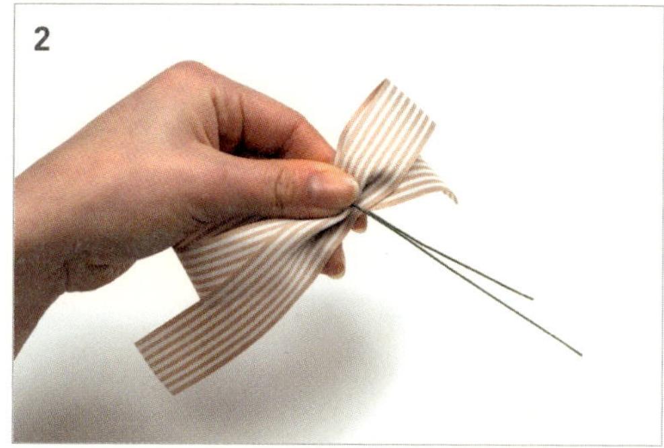

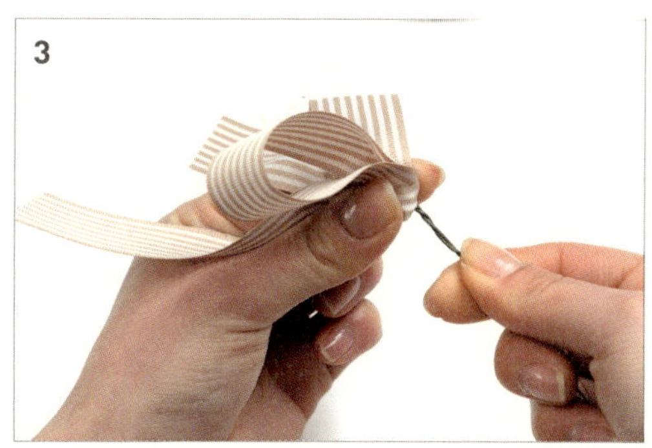

1   리본의 중앙으로 양쪽 날개를 접어 보우를 만들어 준 후, 리본의 센터에 U자 와이어를 겹쳐준다.
    이때 양쪽 고리의 크기가 같도록 한다.

2   와이어를 잡고 리본을 당겨 주름을 잡아준다.

3   양쪽 리본을 반으로 접어 잡고 와이어를 최대한 맞물리게 트위스팅 한 후 리본을 정리하여 루프
    의 볼륨감을 만들어 준다.

4   양쪽 스트리머 부분을 일정하게 재단해 준다.

3. Colors

다양한 기법과 형태를 배우면서 꽃에 익숙해질 무렵, 꽃의 컬러 배색에 대해 고민에 빠질 때가 온다. 색채라는 심오한 세계에 입문할 때가 된 것이다. 색채에 대한 감각이 떨어져 있다고 생각하게 되는데 이때가 컬러에 대해 공부해야 할 가장 적절한 시기이다. 색채의 기본 속성을 알고 배색에 대해 알아보자.

1) 색의 분류와 삼속성

· 색의 분류

무채색 (Achromatic color) : 여러 층의 흰색, 회색, 검정색에 속하는 유채색의 기미가 없는 계열의 색으로 흰색에서부터 검정색까지, 그 사이에 들어가는 회색의 단계를 만들어 명암의 차이에 의하여 순차적으로 배열할 수 있다. 따라서 무채색의 밝고 어두운 정도의 차이로 구별된다.

유채색(Chromatic color) : 무채색을 제외한 모든 색을 말한다.

· 색의 삼속성(색의 3요소)

색상 : 색을 구별하기 위해 필요한 색의 명칭이나 다른 색과 구별되는 성질

명도 : 색의 밝고 어두운 정도

채도 : 색의 맑고 탁한 정도의 차

· 혼동하기 쉬운 개념 – 색상과 색채

무지개는 빨강, 주황, 노랑, 초록, 파랑, 남색, 보라로 이어지는 수많은 종류의 색띠를 가지고 있다. 이런 색의 종류를 구별하기 위하여 붙여진 명칭이 색상이다. 색상은 유채색에만 사용하는 명칭이다. 유채색을 체계적으로 둥글게 배열해 놓은 것을 색상환(Color Hue)이라고 한다. 색상환에서 바로 이웃하는 색을 유사색이라고 하며 색상환에서 반대쪽에 있는 색을 보색이라고 한다.

유채색은 다음과 같이 분류된다.

    1차색(Primary colors) **:** 삼원색 red, yellow, blue

    2차색(Secondary colors) **:** 원색 + 원색의 혼합색 orange, green, purple

    3차색(Tertiary colors) **:** 1차색 + 2차색의 혼합 red-orange, yellow-orange,
                                   yellow-green, blue-green, blue-violet, red-violet

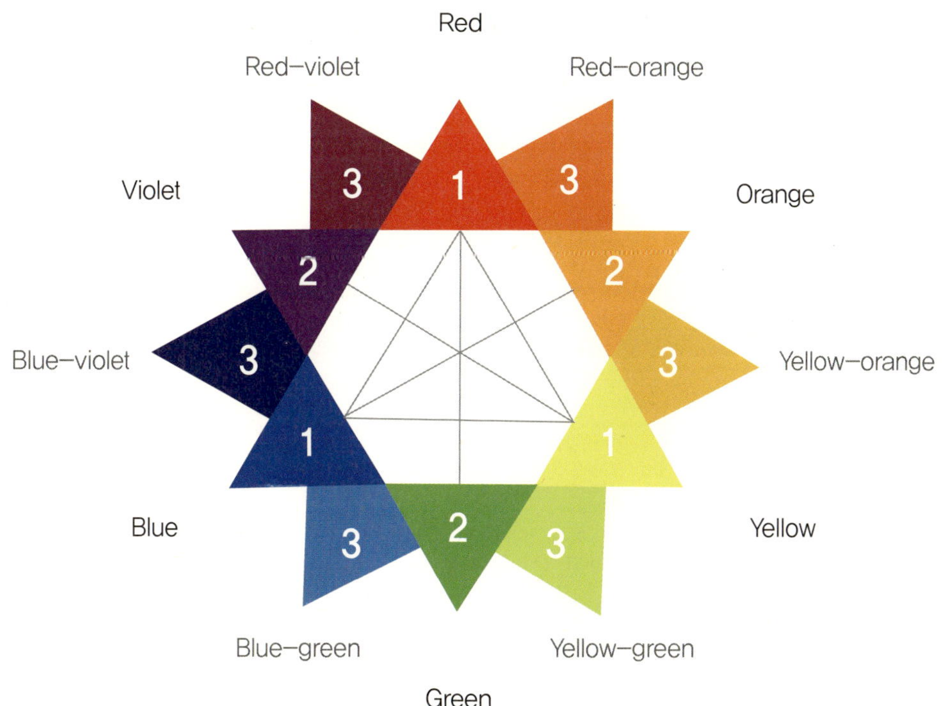

색채는 색상에 명도와 채도가 합쳐진 개념이다.

색상은 색채의 기본이라 볼 수 있으며, 색채를 지칭할 때 색상에 따른 이름을 부른다. 예를 들어 분홍색의 경우 색상은 빨강이며, 빨간색이 고명도에 저채도로 나타나는 것이 분홍이다.

2) 색상의 이미지

색상에 따라 인지되는 이미지는 보편적인 정서와 감성을 불러 일으킨다. 빨강은 에너지가 넘치는 불꽃이 연상되어 따뜻하며 감성적인 느낌을 주고 파랑은 넓고 고요한 호수나 차가운 얼음을 연상하게 해 이성적인 색상으로 여겨진다. 이런 색상의 이미지를 이해하고 꽃의 배색 시 이용하면 감성적인 디자인이 가능하다.

자주

애정, 성적, 복숭아, 발전적, 창조적, 심리적, 정서적, 술, 연

빨강

정열, 애정, 혁명, 야만, 위험, 일출, 저녁노을, 분노, 활력적, 건조

주황

원기, 적극, 희열, 활력, 만족, 풍부, 가을, 유쾌, 광명, 건강, 양기, 온화

노랑

희망, 광명, 유쾌, 경박, 명랑, 금발, 바나나, 금

연두

지생, 위안, 친애, 젊음, 따뜻함, 신선, 초여름, 생강, 야외, 자연, 유아, 새싹

초록

안식, 평정, 친애, 평화, 여름, 안정, 지성, 건실, 소박, 엽록소, 중성, 천기, 절박

청녹

이지, 냉지, 유령, 질투, 심미, 바다, 깊은 산림, 죄, 찬바람

사이안

서늘함, 하늘, 옥색, 인애, 우울, 소극, 계속, 냉담, 고독, 박정, 투정, 차가움, 불안, 불신용, 얼음

파랑

침정, 유구, 진실, 냉정, 희망, 명상, 차가움, 영원, 성실, 추위, 바다, 깊은 물, 호수, 푸른 눈, 푸른 옥, 푸른 새, 물색

청자

숭고, 천사, 냉철, 심원, 천사의 사랑, 무한, 유구, 영원, 신비

보라

창보, 고귀, 우미, 신비, 경솔, 예술, 우아, 고가, 위엄, 공허, 실망, 부활제, 상품, 신정, 신앙, 신성

흰색

명쾌, 청결, 신성, 신앙, 순결, 순수, 소박, 정직, 하얀 옷, 백지, 눈, 설탕, 흰 모래

회색

평범, 음울, 겸손, 무기력, 답답함, 겸손, 우울, 중성색, 점잖은, 무기력

검정

정숙, 비애, 불안, 죄악, 암흑, 허무, 절망, 정지, 침묵, 건신, 부정, 주검, 밤, 흑장미, 탄, 불안

3) 색의 조화

색의 배색은 두 가지 이상의 색을 조화롭게 배치하는 것을 말한다. 배색의 질서가 있는 색들은 심리적으로 안정감이나 상쾌함, 따뜻함 등의 감성을 불러 일으키는데 이러한 색의 배색을 조화색이라 한다. 이렇듯 균형감과 통일감 그리고 변화가 있는 배색을 할 때 우리는 색상에서 감정을 느끼게 되는데 이러한 배색을 좋은 배색이라고 한다.

배색을 하는데 있어서 중요한 것은 전체에서 오는 느낌이며 이는 전체의 색조에서 오는 것으로 배색 상호간의 색상, 명도, 채도의 관계, 그리고 면적과 관련되어 있다.

· **색상을 기준으로 한 배색**

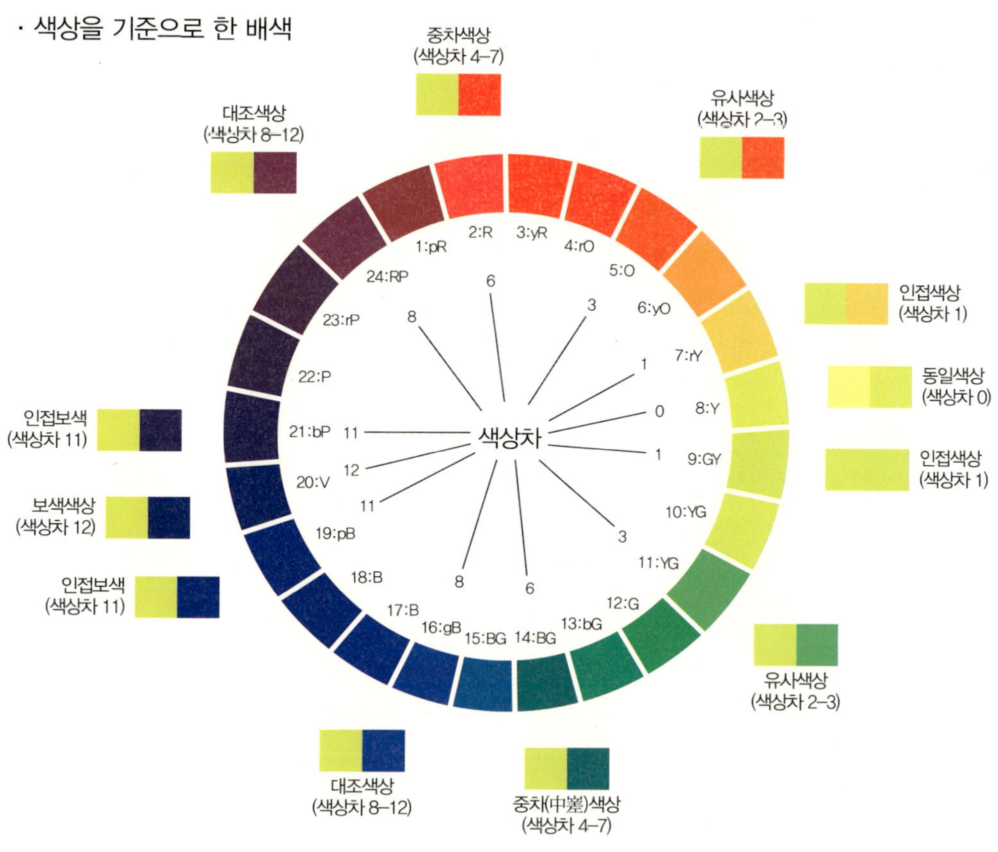

동일색상	인접색상	유사색상
중간색상	대비색상	인접보색

동일색상 배색　　명도나 채도가 다르더라도 같은 색상으로 통합하여 조화가 생기는 관계. 서로 인접한 색에 의한 배색 방법으로서 부드럽고 온화한 느낌이다. 다른 색조를 포함하지 않는 배색으로 무난하고 단조로운 조화 배색이지만 명도 차이를 많이 주고 채도의 변화를 약간씩 주면 좋은 배색을 얻을 수 있다.

유사색상 배색　　색상환에서 가까운 위치에 있는 색의 조합. 색상차가 유사한 배색이어서 부조화의 영역으로 명도차나 채도차를 크게 하면 조화로운 배색이 될 수 있다.

대비색상 배색　　색상환에서 반대편 위치에 있는 색의 조합. 색상이 완전히 대립 관계로 있기 때문에 분명한 배색을 얻을 수 있지만, 상호 색이 높은 채도에서 명도를 같게 선택하면 조화가 어렵다. 따라서 명도와 채도에 변화를 주어 조화롭게 배색하는 것이 중요하다.

보색색상 배색　　강한 대비효과가 나타나는 배색 방법으로, 강한 자극을 주어 강렬하고 화려하다. 색상환에서 서로 마주보는 색상끼리의 배색이다. 명도, 채도에 변화를 주면 아름다운 배색을 얻을 수 있다.

· 명도와 채도를 기준으로 한 배색

명도의 배색

입체감이나 원근감은 명암의 그러데이션에 의해 인식될 수 있다. 명도차가 작은 고명도의 배색은 밝고 경쾌한 느낌을, 명도차가 큰 배색은 명확하고 명쾌한 느낌으로 확실히 눈에 띄는 배색이다.

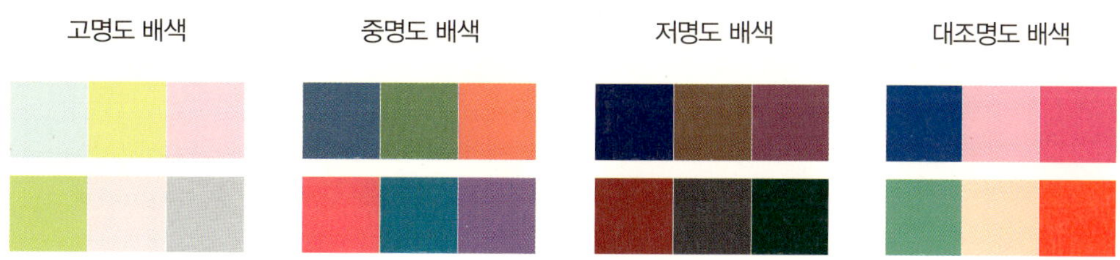

채도의 배색

채도는 배색의 조화·부조화를 좌우하는 중요한 요소로 강한 느낌, 약한 느낌, 다정한 느낌, 활발한 느낌 등을 표시하는 결정적인 수단이 된다. 고채도와 고채도는 자극적이며 강하고 화려한 느낌을 주며, 저채도와 저채도, 중채도와 저채도는 점잖고 안정된 느낌을 준다.
채도차가 큰 배색인 고채도와 저채도는 화려하지만 안정된 느낌으로 색의 면적에 따라 차이가 난다.

· 프리저브드 플라워에서의 배색 순서

주조색 결정

전체면적의 50~60%를 차지하는 색으로 사용하는 목적과 주위환경, 사용 화기의 재질과 형태를 고려하여 배색을 한다. 가장 넓은 면적을 차지해 전체 색조에 영향을 주는 색상이다.

보조색 결정

전체 면적의 30~40% 차지한다. 주조색과 조화되는 색을 정하여 전체적 느낌을 결정한다. 인접색, 유사색 등을 사용한다.

강조색 결정

전체 면적의 10% 내외의 비중이다. 가장 작은 면적이 사용되지만 배색에서 포인트가 되는 색으로 보색이나, 명도대비 등으로 눈에 띄게 사용하여 집중의 효과를 준다.

· 좋은 배색을 위한 팁

플라워 어렌지는 항상 목적이 있는 꽃꽂이이다. 상품의 상황과 목적에 어울리는 색상의 톤을 유지한다 : 프러포즈를 위한 붉은 장미와 핑크 장미의 배색, 근조용 흰 꽃과 그린 색상의 배색

색상의 수는 너무 많지 않게 한다. : 일반적으로 초보 플로리스트가 하는 실수 중 하나가 다양한 꽃을 사용하고자 하는 욕심에 너무 많은 색을 사용한다는 것이다. 특별한 경우를 제외하고는 2~3가지 색상을 선택 후 명도나 채도의 차이를 주어 색감을 풍성하게 만들어 주는 것이 통일감을 주며 변화되는 배색의 요령이다.

색은 한색, 난색, 밝은 색, 어두운 색처럼 색상의 톤을 유지한다.

패션 잡지나 풍경 사진으로 자연과 패션, 인테리어의 컬러감을 익혀 사람들에게 친숙한 배색을 한다.

자연색의 배색

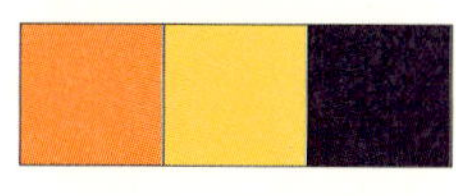

봄 : 따뜻하고 생동감이 느껴지는 장파장의 화사한 옐로 톤 배색

여름 : 시원하고 청량감이 느껴지는 화이트와 민트 등의 밝은 배색.
　　　원색의 트루피컬 배색 등

가을 : 풍성함과 낙엽의 색상이 느껴지는 오렌지 톤의 배색

겨울 : 화이트와 블랙 등의 무채색 배색

레드 & 오렌지

열정의 불꽃과 같은 다양한 색감의 레드와 오렌지 톤 컬러. 화려한 오렌지 컬러 배색은 식욕과 미각을 자극하는 컬러로 식탁 위에 가장 잘 어울리는 컬러다.

핑크

여성성의 극치인 핑크는 사랑의 다양한 온도를 나타낸다. 많은 사랑을 받고 있는 색으로 가장 다양한 톤을 보여준다.

옐로 & 그린

아이들이 재잘거림과 봄이 활기를 느끼게 해준다. 생기 있고 밝은 느낌의 어렌지에 잘 어울리는 컬러다.

바이올렛 & 블루

여름에 가장 사랑받는 컬러로 한 송이만으로도 더위를 식힐 수 있는 청량감을 준다. 열대의 신비한 바다와 고흐의 애잔한 별밤이 어우러진 컬러다.

Let's Start Preserved Flower

PRESERVED FLOWER & DESIGN

유 리 병

꽂   이

작은 병은 어디에서나 쉽게
구할 수 있는 아이템이다.
여기에 한두 가지 소재를
심플하게 꽂아 디스플레이
를 해보자.
살랑대는 바람에 흔들리는
들꽃 같은 기분 좋은 미소
가 떠오를 것이다.

앰버너트, 브랙펀, 포플란트, 갈색 유리병, 마끈

1   엠버너트, 브랙펀, 포플란트를 높낮이가 다르게 잡아 병에 대보며 적당한 길이로 자른다.

2   마끈을 이용해 묶어 준다. 마끈을 구하기 어려우면 두꺼운 십자수실 등을 이용해도 된다.

3   병에 꽂아 준다. 프리저브드 플라워는 물에 닿으면 오랫동안 보존할 수 없기 때문에 절대로 병에 물을 담아서는 안 된다.

핸드 메이드 카드

프리저브드 플라워를 사용하다 남은 재료를 이용해 나만의 카드와 태그를 만들어 보자.
독특한 질감과 색감을 가진 프리저브드 플라워 카드라면 작은 선물에도 감동을 가득 담을 수 있다.

유카리 잎, 포플란트, 수국, 브랙펀, 카드, 리본

1   글루건을 이용해 잎을 붙인다. 글루건은 살짝만 눌러 사용한다. 너무 많이 눌러 글루가 넘
    치면 카드 마감이 지저분해 진다.

2   잎을 사선 방향으로 붙여준다. 율동감 있게 연출해 주는 것이 중요하다.

3   잎 위에 열매를 붙여준다. 플라워 카드에 자신이 좋아하는 아로마 오일 한두 방울을 뿌린
    다면 세상에 하나뿐인 '아로마 플라워 메시지 카드'가 된다. 포장에 포인트 태그로 사용할
    수 있다.

주변에서 손쉽게 구할 수 있는 빈병에 디퓨저 오일을 넣고 프리저브
드 플라워 꽃다발을 꽂아 보자.
아름다운 꽃과 향기를 눈과 코로 즐기는 '플라워 아로마 테라피' 효
과를 얻을 수 있다.

메디아나로즈(체리 레드, 옐로), 프렌치마리안
(소프트 옐로), 수국, 구니, 브랙펀, 밀, 니겔라
열매, 델피니움, 리본

STEP

1   꽃과 소재는 약 20cm 정도 되는 길이로 와이어링한 후 줄기 전체를 테이핑 처리한다.

2   메인 꽃 3송이를 약간씩 각을 주어 잡고 테이프로 감는다.

3   장미 주위에 수국을 조금 낮게 붙여주고 테이프로 감는다.

4   필러(filler) 소재는 조금 위로 올리거나 낮게 들어가도록 잡고 테이프로 감는다.

5   그린 소재와 리본을 고정해 마무리한다.

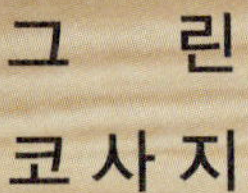

그 린
코 사 지

소재를 모아 작은 코사지를 만들어 보자.
요즘 남성 재킷의 심플한 코사지는 패션
트렌드의 상징이기도 하다.
심플한 열매와 소재로 당신의 애인을 좀
더 스타일리쉬하게 업그레이드 시켜보자.

1   그린 소재와 열매, 수국 등을 약 10cm 정도 와이어링한다.

2   수국과 열매를 라운드 형태로 모아준다.

3   수국과 열매의 뒷부분에 조금 높게 그린 소재를 덧대준다.

4   바인딩 포인트에 약 1cm정도 테이핑 처리한다.

5   코사지 아랫부분에 리본으로 자연스럽게 마무리한다.

플 라 워
박　스
어 렌 지 등나무 바구니에 어렌지된 프리저브드 플라워는 몽글몽글한 솜사탕처럼
달콤하게 느껴진다. 등나무 바구니의 색에 따라 프리저브드 플라워 색상을
맞추어 준다. 그레이 색상의 바구니에 크림 핑크와 쉐비 색상의 핑크 계열
색으로 추억이 느껴지는 빈티지 플라워 박스를 만들어 보자.

장미, 카네이션, 수국, 앰버너트, 베어그라스,
망사리본, 라탄박스

STEP

1 바구니에 재단한 우레탄을 넣어준 후 중앙에 나무 지지대를 대고 입구가 8cm 정도 벌어
지게 한다.

2 망사 리본을 주름 잡아 와이어로 묶어 망사 프릴 8개를 만든다.

3 앞쪽 한 부분에 프리저브드 장미 3송이를 그룹으로 모아 꽂는다.

4 카네이션을 사이사이 여백을 두고 꽂아준 다음 빈 공간에 수국과 망사 프릴을 꽂는다.

5 롤링한 베어그라스와 유카리 열매를 사이사이에 조금 높게 꽂는다.

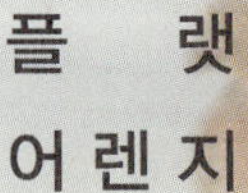

플 랫
어 렌 지

낮고 넓은 화기에 꽃을 낮게 배치하면 안정감이 있어 보인다.
맨드라미의 질감과 열매의 질감을 장미와 대비되도록 한 것이 포인트다.
마젠타와 바이올렛 색상에 소프트 옐로 장미를 포인트로 꽂아 생동감을 주었다.

메디아나로즈(푸시아 핑크, 바이올렛), 스프레이
장미(소프트 옐로), 맨드라미, 헤데라, 미스칸서스,
화기

STEP

1 같은 색의 장미를 그룹으로 배치한다.

2 배색을 생각하며 맨드라미와 열매를 배치한다.

3 헤데라 여러 잎을 볼륨감 있게 묶어 빈 곳을 채워준다.

스 탠 드
화   기
어 렌 지

빈티지 컬러의 어렌지
는 원목 가구와 잘 어
울린다.
스탠드형 화기에 다양
한 소재들로 분위기 있
는 공간을 연출해보자.

준비물 ·······

메디아나로즈(체리 블러썸, 누드 핑크), 수국,
니콜리, 억새, 천일홍, 니겔라다마스케나, 페퍼
베리, 스페니쉬 모스, 화기

STEP ···

1   스페니쉬 모스로 베이스 처리를 한다.

2   꽃과 큰 열매를 배치한다.

3   수국과 그린 소재로 형태를 채운다.

4   나머지 소재들을 꽂아 완성한다.

원 형 화 기 어 렌 지

수국과 장미의 강한 명
도대비를 이용하여 화려
한 분위기를 살렸다. 직
접 페인팅한 산호초와
은색 찔레 열매가 남색
의 수국 위에서 극저인
존재감을 가지며 자칫
밋밋할 수 있는 어렌지
에 재미 있는 요소로 작
용한다.

볼 륨 있 는 둥 근 화 기 어 렌 지
레드와 연그린의 색상대비와 질감대비가 특징이다.
소량의 프리저브드 플라워를 사용하였지만 소재의 느낌을 극대화시킨 디자인이다.

아일랜드 모스, 수국, 연밥, 골든볼, 페퍼베리

STEP

1 화기에 우레탄을 세팅한 후 연밥을 반으로 잘라 위치를 잡아준다.

2 아일랜드 모스를 한 줌씩 잡아 와이어 U핀을 이용해 베이스에 고정한다. 수국이 들어올 자리와 모스의 면 대비를 생각하여 배치한다.

3 아일랜드 모스 사이의 빈 공간에 수국을 꽂아준다.

4 빈 공간의 화기 주변에 페퍼베리를 그룹으로 묶어 꽂아준다.

5 포인트 컬러로 옐로 골든볼을 꽂아준다.

라 운 드
어 렌 지
포　장

프리저브드 플라워의 전형적 디자인인
라운드 어렌지의 포장법에 대해 알아보자.

장미, 수국, 스카비오사, 구니, 니콜리, 델피니움, 스타티스, 니겔라, 산위바위, 플로드지, 왁싱지, 면왁싱끈, 양면테이프

STEP

1 화기에 꽂은 꽃의 색과 어울리는 보라색 플로드지와 레터링 왁싱지를 정사각 형태로 잘라 준비하고 화기의 중간에 양면테이프를 부분부분 둘러준다.

2 화기의 한 쪽부터 플로드지를 잡아 올려 양면테이프에 붙여주며 주름을 잡아준다.

3 플로드지 둘레를 양면 테이프로 감싸준다.

4 레터링 왁싱지를 플로드지와 엇갈리게 주름을 잡아 올리며 붙여준다.

5 포장지 주변을 왁싱끈으로 묶어준다.

인조가죽으로 꾸민 리폼 화기

초콜릿색의 특별한 카네이션이 그레이쉬 블루를 만나 빈티지 하면서 달콤한 배색을 이루었다.
장미와 카네이션, 수국, 리본 등의 매스(mass) 플라워로만 어렌지하고 빈 공간을 채우는 리본은
꽃의 색에서 선택하는 것이 어렌지에 자연스럽게 녹아들게 할 수 있는 방법이다.
빈티지한 느낌의 화기는 금이 가 버리기 직전의 화기에 직접 인조가죽을 덧댄 리폼 화기이다.

장미, 카네이션, 수국, 유카리 잎, 리본, 재활용
화기, 인조가죽, 양면테이프

STEP

1   화기의 위아래에 양면테이프를 둘러준다.

2   인조가죽 원단을 화기 주위에 붙여준다.

3   화기 아랫부분 밖으로 나온 원단을 1cm 간격으로 잘라준다.

4   아랫부분에 양면테이프를 붙이고 원단을 안으로 말아 붙여준다.

5   화기 윗부분의 여분 원단을 1cm 간격으로 자르고 양면테이프를 이용해 붙여준다.

6   인조가죽을 붙인 화기가 완성된 후 어렌지하는 꽃의 색에 따라 리본을 어울리게 붙여
주면 좋다.

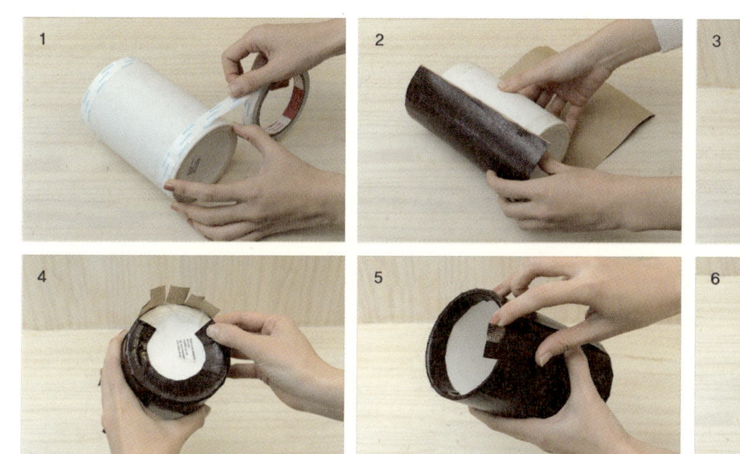

3 Hydrangea(수국) Design

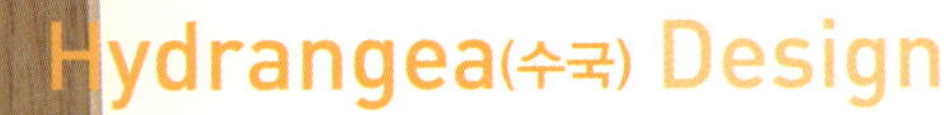

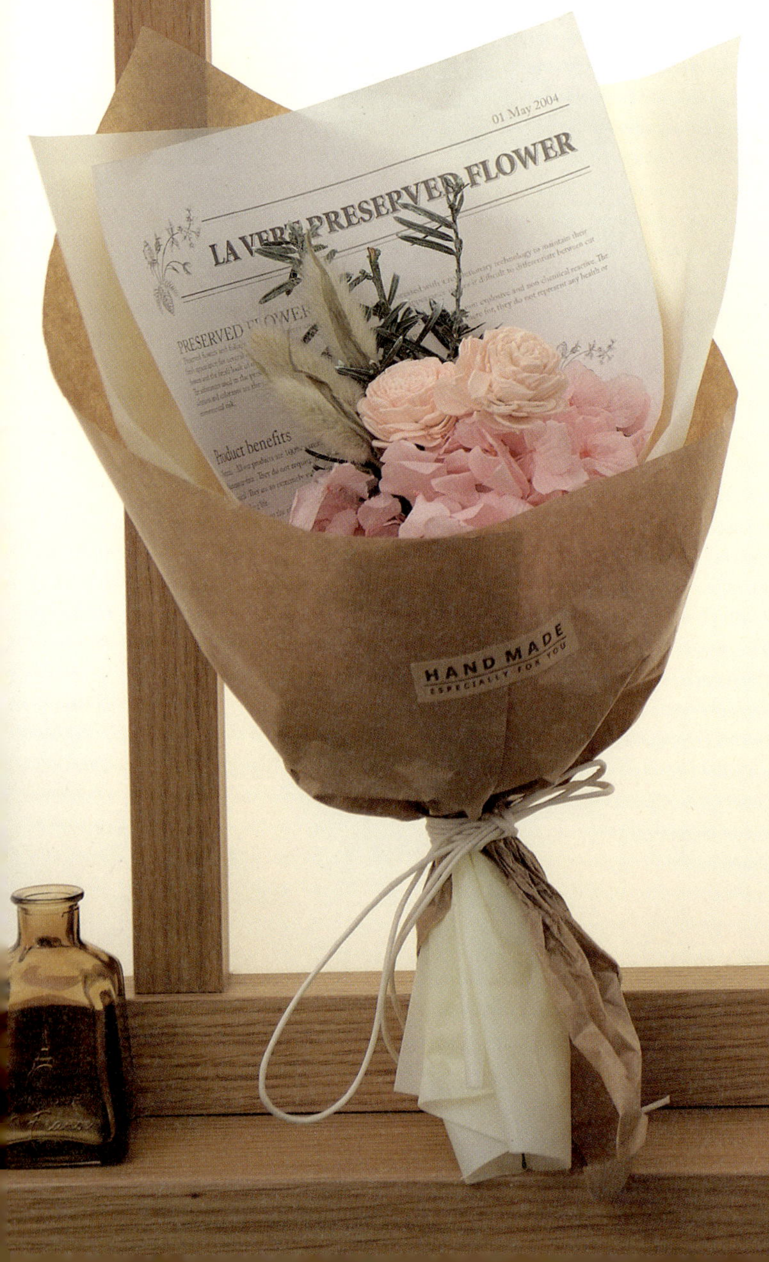

수 국 꽃다발

프리저브드 플라워 꽃다발은 라운드 형태의 꽃다발보다는 프론트 형태의 앞뒤가 있는 디자인의 꽃다발로 만드는 것이 더 커 보이는 효과가 있다. 또한 여러 장의 포장지를 믹스하면 볼륨감 있게 포장할 수 있다.

소라로즈, 수국, 이치, 허니데일, 프린트페이퍼,
플로드지, 왁싱페이퍼, 면끈, 스티커

1   안쪽부터 포장할 포장지를 비스듬하게 포개어 놓는다.

2   먼저 프린트페이퍼와 플로드지를 함께 잡아 꽃다발의 바이딩 포인트를 향해 감싸준다.
    뒤쪽은 높고 앞쪽은 낮게 감싼다.

3   왁싱페이퍼를 대각선으로 하여 둥글게 원통형을 만들며 감싸준다.

4   왁싱페이퍼에 어울리는 내추럴한 갈색 면끈을 이용해 단단하게 묶어주고 리본으로 마무
    리한다.

수 국
트 리

수국은 고급 꽃으로 많은 사
랑을 받고 있는 소재이다.
여름철 수국 화분이 주는 시
원한 즐거움을 시들지 않는
수국으로 즐겨보자.
원하는 컬러의 수국을 이용
하여 손쉽게 만들 수 있다.

수국, 회양목, 스페니쉬 모스, 화기, 나무대, 볼,
장식 소품

1 화기에 우레탄을 넣고 나뭇가지는 글루를 이용해 고정한다.

2 가지 끝에 볼을 고정하고 가지 아랫부분은 소품으로 장식한다.

3 수국을 라운드 형태로 볼륨감 있게 붙이고 아랫부분을 회양목과 스페니쉬 모스로 마무리
한다.

그 린 의 청 량 함 을 담 은 리 스

리스는 무한의 둥근 고리 형태로 행운을 부르고 불운을 쫓는 의미를 지닌다.
사계절 소재에 따라 다양한 느낌을 주는 리스는 인테리어 소품으로 대중과 플로리스트의
많은 사랑을 받는 디자인이다.
소재와 콘셉트에 따라 그 분위기가 달라지는 리스를 만들어 보자.

회양목, 램스이어, 페퍼베리, 아이슬란드 모스,
리스틀, U핀

STEP

1 아이슬란드 모스로 리스틀을 감싸고 U핀으로 고정한다.

2 모스 주위에 램스이어와 회양목 줄기를 글루로 고정한다.

3 페퍼베리로 빈 곳을 채워준다.

4 전체적인 두께와 형태의 비율을 맞추며 빈 곳을 소재들로 채워 마무리한다.

빈티지한 바다 감성의 리스

OPEN

들판의 느낌을 담은 리스

5 Interior Deco

스 탠 드　프리저브드 플라워를 이용해 생활에 필요한 작은 인테리어 소품을 만들면
　　　　　아름다움뿐만 아니라 생화에서는 불가능한 실용성을 추구할 수 있는 장점
시　　계　이 있다. 작은 원목 시계는 신혼집 선물로 좋은 아이템이다.

장미, 수국, 페퍼베리, 피토스, 스탠드 시계

STEP

1 스프레이 장미를 리듬감 있게 배치한다. 꽃을 배치할 때 여유를 주어야 프레임과 조립하기 쉽다.

2 꽃과 꽃 사이에 그린 소재를 입체감 있게 붙인다.

3 꽃과 그린 사이의 빈 공간에 열매를 채워 마무리한다.

4 꽃이 눌리거나 잎 소재가 걸리지 않도록 주의하며 시계를 조립한다.

   미송 판재를 손수 처리해 만든 원목 액자 스타일링.
수제 액자로 빈티지하면서 소소한 느낌을 살린다.

미니 장미, 수국, 페퍼베리, 아이슬란드 모스,
라이스플라워, 연밥, 목화받침, 미송 판재

STEP

1 적당한 길이로 자른 미송 판재의 표면을 토치나 가스 등을 이용하여 살짝 그을려 준다.

2 철 수세미로 표면을 갈이 주면 나이데 시이시이 무른 면이 갈아지면시 요철이 생겨 입체
   감이 살아난다.

3 모스를 적당한 크기로 깔아준다.

4 미니 장미를 얼굴의 각을 다르게 글루를 이용하여 붙여준다.

5 수국과 페퍼베리 등을 사이사이에 붙여준다.

6 라이스플라워를 꽂고, 빈티지 라벨을 붙여 마무리한다.

솔방울 트리 솔방울을 이용하면 프리저브드 플라워를 조금만 사용해도 멋진 크리스마스 트리를 만들 수 있는데 산에서 주워 온 솔방울은 뜨거운 소금물로 소독한 후 잘 말려두면 불순물 없이 깨끗하게 사용할 수 있다.

왕솔방울, 미니 바크리 열매, 비즈, 화기,
스페니쉬 모스

STEP

1 솔방울 꼭지를 글루 처리 후 화기에 고정한다. 글루는 넉넉하게 칠해 솔방울이 흔들리지
않도록 한다.

2 스페니쉬 모스를 솔방울 사이사이에 넣어준다.

3 열매와 비즈를 글루로 고정한다.

솔방울 화기 어렌지

솔방울과 나뭇가지, 목화 등 겨
울에 흔하게 구할 수 있는 자연
소재는 겨울을 느끼게하는 볼륨
감 있는 어렌지를 만들 수 있는
소재들이다.
솔방울의 재미있는 얼굴을 보여
줄 수 있도록 다양한 각도로 어
렌지 해보자.

스프레이 장미(체리 레드), 페퍼베리, 솔방울,

측백, 목화, 화기

STEP

1   화기에 우레탄을 넣고 솔방울을 먼저 어렌지한다.

2   꽃과 열매를 중심에 배치한다.

3   나머지 공간을 그린과 필러 소재로 채워 완성한다.

Four Season Preserved Flower

PRESERVED FLOWER & BUSINESS

데이 & 시즌

DAY & SEASON

김연종 선생님이 제안하는
프리저브드 플라워 상품 TIP

Volume UP

우선 가장 중요한 것은 프리저브드 플라워 디자인도 생화에 뒤지지
않는 부피감을 만들어 주어야 합니다. 우리나라에서는 같은 비용을
지불할 때 좀 더 커보이는 상품이 더 가치가 있다고 생각해요. 한
송이 디자인을 하더라도 어떻게 하면 최대한 커 보일 것인가에 대해
고민해야 하며, 이때 리본과 주트 등을 활용하면 좋습니다.

밸런타인데이 ①

디자인 박성주

준비물

장미(마조리카 블루), 카네이션(그랜드 블루), 수국(블루, 연블루), 실버스토베, 피토스

CONCEPT

밸런타인데이는 여자가 남자에게 사랑을 표현하는 날! 꽃은 빨강과 핑크라는 편견을 깨고 프리저브드 플라워의 장점을 살려 남성적인 진한 블루 색상의 꽃을 선택하여 심플하면서도 강렬한 느낌으로 제작한 시크릿 박스.

* 파베(Pave)기법 : 꽃을 일자(수직)로 꽂아주는 방법

TIP
· 상자의 높이와 뚜껑을 덮었을 때 소재들이 눌리지 않도록 베이스를 만들어준다.

· 남성적인 톤온톤의 소재들을 배치하여 통일감 있게 배색한다.

· 직사각의 느낌과 맞아떨어지도록 파베 기법을 이용하여 연출한다.

· 파베 기법으로 납작하게 제작하지만 꽃이 율동감 있게 보이도록 표현한다.

· 전체적인 느낌과 어우러지도록 리본을 선택하고 간결하게 리본보우를 연출한다.

밸런타인데이 ②

디자인 **정재희**

준비물

장미(뉴욕 핑크, 피치), 다알리아, 수국, 크리스펌, 파바폴리아, 브랙펀, 안개, 페퍼베리, 플렌
티나

CONCEPT

따스하고 사랑스런 느낌으로 웨딩 포토테이블이나 신혼집 인테리어 데코로 연출하기 좋은 아
이템.

TIP · 메인 꽃 색상 선택은 사랑하는 이를 연상시키는 화사한 파스텔 톤으로 정한다.
· 리본을 사용할 때도 하트리본이 들어간 리본을 사용함으로써 사랑스러운 느낌을 더
해준다.

졸업식 꽃다발

디자인 **하진숙**

준비물

장미(베이비 핑크, 옐로, 파나코타), 카네이션(소프트 옐로), 수국(라이트 그린), 스타티스, 레몬잎, 피토스포룸(워시 옐로), 솔라로즈(피치), 모리소니아, 니겔라 오리엔탈

CONCEPT

졸업생의 밝은 미래를 기원하며 밝고 화사한 파스텔 톤으로 졸업식을 더욱 빛나게 만들어줄 핸드타이드 꽃다발을 제작한다.

T I P · 꽃의 색상은 어두운 색보나 사진이 잘 나올 수 있는 밝은 컬러를 선택하는 것이 좋나.
· 어렌지할 때에는 중앙에 포인트 꽃을 선택한 다음, 그 꽃을 중심으로 꽃과 소재의 높낮이를 다양하게 주어 어느 방향에서 보아도 꽃의 표정이 보이도록 자연스럽게 연출한다.

입학식 꽃다발

디자인 최인자

Especially for you

입학식 꽃다발

준비물

장미(텐저린 오렌지), 카네이션(소프트 옐로), 거베라(옐로), 수국(피치), 솔라로즈, 골든볼, 루스 커스가든, 포플란트, 코튼 필리카, 부르니아, 연밥

CONCEPT

새 출발의 설렘과 도전이 희망차기를 바라며 오렌지, 옐로의 밝은 컬러로 어렌지한다.

. . . .

TIP · 꽃 소재를 조금씩 어렌지하면서 테이프로 감아주면 훨씬 고정이 잘 되며 원하는 형
태로 만들기 수월하다.

화이트데이 ①
디자인 박혜정

준비물

미니 장미(소프트 라일락), 카네이션, 헤리크리섬, 천일홍, 헤데라(그린), 크리스탈 비즈, 2단 박스

CONCEPT

부드럽고 은은한 소프트라일락 톤으로 어렌지한 박스 디자인.

TIP · 전체적으로 소프트라일락 톤에 헤리크리섬으로 포인트를 준다.

· 반짝이는 크리스탈과 비즈를 이용하여 고급스러운 분위기를 연출한다.

· 박스를 리본과 진주로 장식하여 세련되어 보이게 마무리한다.

화이트데이 ②

디자인 유화정

준비물

장미(로즈 피치), 수국(화이트), 스켈레톤 잎, 루스커스, 페퍼베리, 안개, 포플란트, 스토베, 스페
니쉬 모스

CONCEPT

꽃과 함께 마카롱을 어렌지해 달콤함이 묻어나도록 제작한다. 파스텔 톤으로 배색하여 부드러움
이 느껴지도록 한다.

TIP · 파스텔 톤 장미에 어울리는 마카롱 쿠키 모형을 이용하여 달콤한 디저트의 느낌을
표현한다.
· 점토로 만들어진 마카롱은 아이들이 먹지 않도록 주의해야 한다.

어버이 날
디자인 오흥경

준비물

카네이션(레드), 알리셔 리프(그린, 와인), 소프트 수국(그린), 안개(그린), 스페니쉬 모스, 바구니

CONCEPT

생화로 된 카네이션은 짧은 시간에 시들어 버리기 때문에 오랫동안 감상할 수 없다는 단점이 있지만 프리저브드 플라워로 장식한 어버이날 선물은 오랫동안 볼 수 있다. 정이 가득한 바구니로 가족의 사랑을 나누는 날이 계속되었으면 한다.

TIP · 바구니의 기초 작업 시 지점토를 넣어 작업을 하면 안정감이 있고 무게감이 있어 흔들림이 적다.

· 보색대비로 레드 컬러를 선명하게 보여준다.

· 그린 수국 사이사이에 장식으로 사용한 알리셔 리프는 리듬감을 주고 작품 전체에 모던함을 느끼게 한다.

로즈데이

디자인 **이동명**

준비물

장미(베이비 핑크, 투톤 베이비 핑크, 슈가 핑크, 뉴욕 핑크, 핑크 샴페인), 수국(화이트), 라이스플라워(화이트), 아스파라거스, 피토스(그린), 스켈레톤 잎, 모스진주, 비즈, 공단 리본, 철제 화기

CONCEPT

달콤하고 사랑스러운 느낌의 핑크를 여러 톤으로 구성하고 레이스와 비즈를 넣어 우아한 여성미를 담아낸다. 핸드백처럼 디자인하여 색다른 느낌을 준다.

· 귀여우면서도 사랑스러운 느낌이 나도록 핑크 톤 컬러를 선택한다.

· 레이스와 비즈를 사용해 우아함과 여성스러움을 강조한다.

· 핸드백처럼 들 수 있는 철제화기에 공단 리본과 레이스 리본, 모스를 붙여 철제가 주는 차가움을 줄여주고 한눈에 사랑스러움이 묻어나게 디자인한다.

스승의 날

디자인 하진숙

준비물

장미(바이올렛, 소프트 라일락, 펄 화이트), 카네이션(바이올렛, 라벤더), 수국(라이트 그린, 화이트), 델피니움, 페퍼베리(퍼플), 스토베(그린), 솔라로즈, 파바폴리아(워시), 니콜리, 레몬잎, 가지

CONCEPT

스승을 위한 어렌지로 고급스러움이 가득하도록 화이트 화기에 바이올렛 컬러를 메인 색으로 사용한다.

TIP · 일반적인 붉은 계열의 카네이션이 아닌 보라색의 꽃을 사용하여 특별하게 꾸미되 과하지 않도록 톤을 다양하게 구성한다.
· 부피감을 살려주고 균형있는 어렌지를 위해 가지의 길이와 각도를 알맞게 꽂아준다.

성년의 날
디자인 이은혜

준비물

줄리엣 장미(투톤 피치, 투톤 핑크), 장미(파나코나, 피치), 카네이션(피치), 페퍼베리(라이트 그린), 브랙펀(화이트), 수국, 린플라워(피치), 유카리 잎(실버), 모리소니아(피치), 너트, 넝쿨

CONCEPT

만 20세가 되는 날을 기념하는 성년의 날! 장미와 향수를 함께 어렌지해 기억에 남는 선물을 준비한다. 연인에게 주는 선물로 러블리하면서 깨끗하게 어렌지하고 '당신을 사랑하며 오랫동안 나를 잊지 말아달라' 는 의미를 담는다.

TIP · 향수는 빼고 그 자리에 작은 인형을 꽂아 테이블 장식으로 활용 가능하다.

키스 데이 ①

디자인 **오흥경**

준비물

장미(핫핑크), 수국(레드), 라이스플라워(연핑크), 스모크트리(레드), 모나루다(프랑보이즈), 하트형 오아시스, 액세서리(입술모양, 알파벳kiss me)

CONCEPT

연인들이 서로의 마음을 다시 한 번 확인하는 날인 키스데이는 매년 6월 14일에 기념되고 있다. 사랑의 그린라이트인 하트 모양에 핫핑크 장미를 어렌지하여 의미를 더하고 'kiss me'라는 액세서리로 포인트를 준다.

TIP · 상대가 좋아하는 귀걸이나 액세서리를 미리 구입하여 장식해서 선물해도 좋다.
· 하트형 작품은 보관을 위해 아크릴 박스를 제작하거나 액자 소품에 붙여 장식해도 좋다.

키스 데이 ②
디자인 이정아

준비물

장미, 카네이션, 하트상자, 액세서리

CONCEPT

키스데이, 그녀의 키스마크를 받고 싶다면 형광핑크 립스틱과 함께 프리저브드 플라워 하트박스를 선물해 보자. 진한 키스가 따라 오지 않을까?

TIP · 정열적인 붉은 계열의 꽃을 사용하고, 키스 데이의 의미를 주기 위해 립스틱을 넣어 선물할 수 있도록 제작한다.

실버 데이

디자인 손혜정

준비물

스프레이 장미(펄 화이트, 민트 그린), 카네이션(그린 계열), 수국(화이트, 연민트), 필리카(화이트), 브루니아(화이트 실버), 살리그넘(그린), 스토베(그린), 스페니쉬 모스(그린), 아일랜드 모스(그린), 엠모비움, 비즈, 하트 철제 바스켓

CONCEPT

그린 장미가 링필로우 역할을 할 수 있다. 당신의 심장을 선물하며 하트의 뚜껑을 열고 그녀에게 프러포즈 해 보자. 시들지 않는 꽃과 함께 영원히 기억될 프러포즈가 될 것이다.

TIP · 시원한 느낌의 그린 컬러를 사용하여 연인에게 은반지를 선물하는 싱그럽고 파릇파릇한 느낌을 철제 바스켓에 담아 표현한다.

그린 데이

디자인 **이성희**

준비물

장미(펄 화이트), 카네이션(민트 그린), 앰버너트, 대국도, 부르니아, 루스커스가든, 연밥, 측백

CONCEPT

둥근 형식의 핸드타이드 꽃다발이다. 무더운 날의 청량감을 줄 수 있는 어렌지로 싱그러운 분위기를 연출한다.

TIP · 펄 화이트와 민트 그린의 시원한 색상을 중심으로 대국도와 앰버너트, 부르니아, 연밥으로 조화를 맞춘다.

할로윈데이
디자인 박성주

준비물

장미(와인, 바이올렛), 퍼거스(와인), 해바라기, 스트링지아, 스페니쉬 모스, 니겔라, 호박장식

CONCEPT

10월의 마지막 날인 할로윈데이. 우리나라에서도 할로윈 파티를 즐기는 사람들이 점점 늘어나고 있다. 할로윈데이의 대표적인 상징인 호박을 함께 어렌지하고 신비한 느낌의 열매들과 할로윈의 대표적인 색상을 매치하여 축제의 분위기를 연출한다.

TIP · 호박의 오렌지색과 할로윈의 분위기를 배가시킬 수 있는 소재와 색상을 선택한다.

· 자유로운 축제의 느낌으로 꽃과 열매를 높낮이 있게 꽂아 공간감과 리듬감을 살려준다.

빼빼로데이

디자인 **정은영**

준비물

장미(레드, 핫핑크, 와인), 수국(빈티지 레드), 블랙베리, 유카리 열매(워시), 스모크트리, 아세비, 파바폴리아(레드), 페퍼베리, 퍼거스 잎

CONCEPT

플랫, 잎 소재로 베이스를 가리는 커버드(coverd)기법을 이용해 나만의 화기를 만든다.

TIP
- 잎을 이용하여 베이스를 가릴 때 평면적으로 붙이지 말고 입체감 있게 붙여준다.
- 베이스를 가릴 용도로 잎 대신 나무껍질, 나뭇가지, 리본 등으로 대체 가능하다.
- 유리화기에 돌, 잎 능을 사용하면 다른 분위기를 연출할 수 있다.
- 장미 대신 거베라를 사용할 수 있고 소재만으로 어렌지가 가능하다.
- 크리스마스와 어울리는 골드 소재나 초 등을 이용하여 크리스마스 테이블 센터피스로 응용할 수 있다.

쿠키데이
디자인 이정아

준비물

장미(탄저린 오렌지, 선셋 오렌지, 피치) 카네이션, 툐튬, 크리스펌, 수국, 아마레리, 바구니

CONCEPT

꽃과 함께 세팅한 바구니 어렌지로 가벼운 집들이나 감사선물로 좋은 디자인이다.

TIP · 식욕을 돋워주는 오렌지 컬러를 사용하여 쿠키 바스켓을 디자인하고 펄이 들어간 리본을
이용하여 귀여우면서도 우아한 선물이 되도록 디자인한다.

행사 & 데코

EVENT&DECORATION

우리나라 고객의 대다수는 심플한 디자인보다 다양한 소재가 들어간 디자인을 더 선호합니다. 요즘 유행하는 프렌치 스타일의 내추럴한 디자인이 예가 될 수 있어요. 이때 다양한 마른 소재와 너트류, 대나무 등의 마른 나뭇가지, 조가비 등의 오브제를 적극 활용해 디자인하면 정성스러운 어렌지로 보이기 때문에 고객의 시선을 사로 잡을 수 있습니다. 또한 다양한 오브제를 사용함으로써 볼륨감도 높일 수 있습니다.

베이비 샤워를 위한 소품
디자인 김선미

준비물

장미(파우더 블루), 프렌치마리안(퓨어 화이트), 카네이션(파우더 블루, 코튼 블루, 피치, 화이트), 수국(라임 블루, 화이트, 핑크 로즈), 루스커스, 모리소니아(민트), 스켈레톤 잎, 페퍼베리, 골든볼, 너트

CONCEPT

태어날 아기와 엄마를 위해 사랑스러운 컬러와 소품으로 연출한다. 뽀송뽀송한 파우더 블루 빛을 메인으로 전체적으로 파스텔 톤의 귀엽고 사랑스러운 색감을 살린다. 아기자기하고 사랑스러운 색감의 어렌지는 태교에도 좋은 영향을 줄 수 있다.

TIP · 프리저브드 플라워로 화관을 만들고 그안에 태어날 아기의 신발 뿐 아니라 다양한 선물을 담으면 세상에 하나뿐인 사랑스럽고 특별한 선물이 된다.

· 컵케이크를 프리저브드 플라워로 표현하여 먹음직스러운 파티 분위기를 연출한다.

· 리본으로 장식한 플라워 팔찌는 파티에 초대된 친구들에게 선물로 제공한다.

프러포즈를 위한 콘형 꽃다발

디자인 **유화정**

준비물

장미(베이비 핑크, 소프트 라일락), 수국(피치 핑크), 미니 다알리아, 포플란트(핑크), 유카리 열매, 쥬트, 아이스크림 모형

CONCEPT

프로포즈의 설렘을 아이스크림같이 달콤하게 표현한다. 미니부케 형태로 제작해 사랑스러움을 강조한다.

TIP · 아이스크림과 맛있는 토핑이 연상되는 꽃과 소재를 선택하여 완성도를 높인다.

· 파스텔 톤의 라벤더와 연한 핑크의 사랑스러운 컬러를 매치한다.

빅토리아 로즈 부케
디자인 김연종

준비물

장미(베이비 핑크, 뉴욕 핑크, 핫핑크), 루스커스(그린)

CONCEPT

몇 송이의 장미 꽃잎을 모아 만든 대형 부케. 생화에서 볼 수 없는 임팩트 있는 화형의 디자인으로 결혼식 피로연의 컬러 드레스와 잘 어울리는 색감의 부케이다. 또한 특색 있는 디자인이어서 프러포즈를 할 때 특별한 꽃다발이 될 수 있다.

TIP · 꽃잎을 모을 때 두세 가지 톤을 모아 만들면 풍성한 느낌을 만들어 낼 수 있다.

꽃 화관

디자인 김연종

준비물

미니 장미, 산위바인, 퍼치민펀, 수국(핑크 샤벳), 곱슬넝쿨

CONCEPT

간소화된 셀프웨딩 콘셉트의 웨딩촬영이 인기를 끌면서 촬영에 필요한 소품을 직접 준비하는 신
부들이 늘고 있다. 꽃 화관을 준비해 즐거운 추억을 만들어 보자.

TIP · 리스와 달리 화관은 머리에 썼을 때 꽃이 보이는 위치가 옆면이므로 꽃의 위치에 주
의하며 제작한다.

웨딩 캔들

디자인 정윤지

준비물

잉글리시 로즈, 유카리 열매, 유카리 잎, 브랙펀(화이트), 스켈레톤 잎(화이트), 장식용 비즈, 캔들

CONCEPT

화이트, 그레이, 핑크 톤의 꽃과 소재, 화기가 조화를 이루고 있는 어렌지로 은은한 아름다움을 보여주는 테이블 소품이다. 은은하면서도 고혹적인 아름다운 신부의 모습이 연상되도록 어렌지한다.

TIP   · 화기와 꽃, 기타 소재의 질감이 조화를 이루도록 재료를 고르는 것이 가장 중요하다.

· 잉글리시로즈 꽃잎을 화려하면서도 순수해 보이도록 손질하고, 3송이의 꽃이 한 송이의 꽃처럼 보이도록 중앙에 배치한다.

· 브랙펀과 유카리 잎, 스켈레톤 잎의 톤이 적절히 섞여 배치되는 것이 좋고 단순한 느낌이 나지 않도록 유카리 잎을 말아서 둥근 선과 면을 표현한다.

· 같은 소재의 작은 화기에는 꽃과 어울릴만한 캔들을 꽃 대신 꽂아 전체적인 콘셉트를 강조한다.

준비물

| 철제 오브제 | 장미(펄 화이트), 수국(펄 화이트), 니겔라다마스커스(화이트), 루스커스(화이트), 리본, 비즈, 진주, 철제 오브제 |
| 스몰 부케 | 장미(베이비 핑크), 잉글리쉬 로즈(투톤 핑크), 스켈레톤 잎(핑크), 비즈, 리본 |

CONCEPT

웰컴 테이블은 결혼식의 첫 인상을 심어주기에 밝고 화사하게 데코한다. 하객들의 눈길을 끌 수 있도록 형태를 잡아준다.

TIP · 테이블에 작은 소품과 어우러진 신부의 순수하고 귀여운 느낌을 컬러로 표현하여 데코한다.

웨딩 웰컴 테이블 ②
디자인 손혜정

준비물

화기 어렌지	장미(베이비 핑크), 안개꽃(핑크), 수국(화이트), 루스커스(화이트), 미니 스켈레톤 잎(화이트), 아이슬란드 모스(화이트), 나뭇가지(화이트), 진주, 유리화기, 와이어
카드	수국(투톤 핑크)

부활절 센터피스

디자인 **이동명**

준비물

수국(그린), 익소디아, 새앙하재, 모리소니아, 페퍼베리(그린), 라이스플라워(화이트), 산위바인, 나무틀 , 다래덩굴, 쥬트, 모스, 자갈, 슬라이스한 나무조각, 달걀

CONCEPT

예수의 부활을 찬양하기 위해 달걀을 주고받는 부활절. 생명의 탄생을 의미하는 달걀과 봄에 파릇파릇 돋아나는 새 생명들의 싱그러움을 표현해 부활절 의미를 더한다. 전체적으로 숲 속 같은 자연의 느낌이 나도록 이끼와 나무 등의 소재를 사용한다.

TIP · 나무틀에 다래덩굴을 자연스럽게 감아 입체적인 느낌이 나도록 새의 둥지를 표현한다.

· 둥글게 깎은 우레탄에 U핀을 이용해 모스를 붙여준다.
(크기를 다르게한 뭉치 3개 사용)

· 철사를 이용해 나무틀 아래에 고정한 다래덩굴에 페퍼베리와 산위바인을 자연스럽게 둘러준다. 페퍼베리는 뭉친 열매를 솎아주고 사용한다.

카페, 봄 데코

디자인 이도하

준비물

스프레이 장미(프렌치 바닐라), 잉글리시 로즈(펄 화이트), 메디아나로즈(펄 화이트), 프렌치 마리안(화이트, 프렌치 바닐라), 수국(화이트, 그린), 루스커스가든, 아세비, 라이스플라워(그린), 엠모피움, 스토베(그린)

CONCEPT

카페의 야외 테라스에 잘 어울리는 어렌지로 새장에 꽃이 날아든 것 같은 느낌으로 싱그럽게 제작한다.

· ·

TIP   · 최대한 자연스러운 조합으로 컬러감이 강한 소재는 피한다.

· 그린 소재도 톤이 부드러운 컬러를 사용한다.

· 펄 화이트와 프렌치 바닐라 컬러의 꽃을 사용하여 단조로움을 피한다.

· 꽃의 높낮이를 다양하게 주고 새장을 타고 올라가는 듯하게 꽃을 배치한다.

카페, 여름 데코

디자인 **김선미**

준비물

장미(파우더 블루, 코튼 블루, 블루), 카네이션(파우더 블루, 코튼 블루, 피치), 수국(블루 내추럴, 화이트, 파우더 블루), 루스커스, 미니안개(민트), 라벤더, 유카리 열매(화이트), 블랙베리, 너트

CONCEPT

지중해 산토리니에 있는 카페에서 은은한 커피향을 맡으며 차 한 잔 할 수 있는 느낌을 살린다.

- -

TIP · 블루 내추럴 & 파우더 블루 빛의 커피 팟이 어우러진 산뜻하고 세련된 카페 분위기를 연출한다.

· 커피 잔에 피어난 블루 로즈는 심플하지만 강렬한 인상을 남기는 카페의 마스코트가 될 수 있다.

여름 인테리어소품

디자인 윤예지

준비물

장미(코튼 블루, 펄 화이트), 수국, 페퍼베리, 조개, 산호초, 액자

CONCEPT

여름에 어울리는 컬러와 다양한 재료(패브릭, 조개, 산호 등)를 사용하여 바닷가의 풍경을 액자에 담는다.

TIP · 액자는 바라보는 각도에서 꽃이 가장 아름답게 보이도록 배치하는 것이 중요하다.

· 높은 벽에 거는 액자는 꽃의 얼굴이 아래쪽을 향하도록, 테이블에 두는 경우에는 꽃의 얼굴이 위쪽을 향하도록 배치한다.

· 주변에서 흔하게 구할 수 있는 짜투리 천과 지난 여름 바닷가에서 주워 온 조개껍데기 등으로 디자인해도 좋다.

· 패브릭의 컬러와 재료의 응용으로 다양한 계절감을 표현할 수 있다. 산책길에 발견한 예쁜 열매와 돌멩이, 곱게 물든 낙엽도 가능하다.

· 패브릭은 원단상가 또는 대형 문구점의 DIY 코너에서 소량으로도 구입할 수 있다.

자작나무 스파이럴

디자인　　**김연종**
공동제작　**이도하, 정윤지, 정재희**

준비물

장미(소프트 옐로), 프렌치마리안, 카네이션, 앰버너트, 헤데라 열매(와인), 라이스플라워, 수국,
루스커스가든, 미스칸서스, 니겔라 열매, 아세비, 자작나무, 리본

CONCEPT

흔하게 구할 수 있는 나뭇가지를 엮어 꽃과 함께 어렌지한다. 나뭇가지를 세울 수 있는 화기
형태로 만들면 색다른 느낌을 줄 수 있다.

TIP   · 다양한 형태의 꽃과 소재를 믹스하여 어렌지한다.

      · 꽃 없이 소재만 이용해 만들어도 재미있는 디자인이 될 수 있다.

수국, 겨울 어렌지

디자인 **김연종**

준비물

수국, 페퍼베리, 백묘국, 부르니아, 측백, 레몬 잎

CONCEPT

수국은 풍성하게 보이도록 꽂아만 주어도 멋진 어렌지가 가능하다. 여기에 소재 등을 이용해
율동감을 조금 더해주면 심플하면서도 화려한 꽃꽂이를 만들 수 있다. 꽃꽂이를 배우지 않은
사람도 누구나 쉽게 꽂을 수 있는 스타일이다.

- -

TIP · 장미를 사용하지 않기 때문에 자칫 가벼워 보일 수 있다. 이때 수국을 중심에 배치하
여 수국과 소재만으로도 무게감 있는 디자인을 잡아주는 것이 중요하다.

크리스마스 토피어리
디자인 김연종

준비물

회양목, 페퍼베리, 나뭇가지, 리본, 솔방울, 화기

CONCEPT

그린색의 회양목을 구형으로 어렌지하여 심플한 토피어리를 만든다.

. . . .

TIP · 회양목을 짧게 잘라 구형 스티로폼에 오공본드를 이용해 붙여준다.

· 붉은 페퍼베리의 색 대비가 크리스마스의 분위기를 생동감 있게 만들어 준다.

크리스마스 캔들 장식

디자인 윤예지

준비물

수국, 유카리 열매, 페퍼베리, 솔방울, 백묘국, 모스, 데코볼, 캔들

CONCEPT

블루와 실버 컬러의 꽃과 소품으로 클래식하면서도 고급스럽게 장식한다.

TIP · 블루와 실버를 주조색, 화이트와 그린을 보조색으로 사용하고 컬러의 톤을 맞춰 차분
　　　　하고 고급스러운 이미지를 표현한다.

　　　· 벨벳 소재의 리본을 선택하여 배묘국과 함께 포근한 느낌이 들도록 한디.

　　　· 솔방울이 보여지는 각도를 다양하게 배치하여 입체감을 준다.

　　　· 캔들과 오너먼트, 리본을 활용하여 시즌 내내 즐길 수 있는 크리스마스 장식을 만들
　　　　수 있다.

송년모임 테이블 데코
디자인 민세령

준비물

장미(와인, 레드), 수국(버건디 레드), 솔방울, 팔각(골드), 측백, 헤데라

CONCEPT

와인파티를 위한 센터피스로 와인 빛 컬러를 사용하여 송년모임의 분위기를 고조시킨다. 레드 컬러를 더해 고급스럽게 어렌지한다.

TIP · 연말모임이나 송년회 등의 파티에 어울리도록 깊이감 있는 레드와인 컬러를 사용하여 심플한 색감으로 통일한다.

· 캔들을 유리병 안에 넣어 고급스럽게 연출하고 그 주위에 팔각과 솔방울을 매치하여 겨울 느낌을 준다.

선물

PRESENT

김연종 선생님이 제안하는
프리저브드 플라워 상품 TIP

Packing UP

모든 프리저브드 플라워 상품의 마무리는 정성이 깃든 포장
에 있습니다. 허술한 포장은 상품의 가치를 떨어트립니다.
섬세하게 묶인 리본과 태그는 고객의 마음을 사로잡습니다.
프리저브드 플라워 관리법을 적어 놓은 브랜드 태그와 메시
지 카드, 리본 등으로 연출된 패키지는 고객이 종종 오염방
지를 위해 케이스를 풀지 않고 보관하는 경우도 많아서 그
자체로 효과적인 광고가 되기도 한답니다.

새해 선물

디자인 **방글**

준비물

장미(체리 레드, 화이트, 파나코타), 프렌치마리안(모닝 옐로), 측백, 헤데라, 수국(라임 퍼플), 랜턴플라워(화이트), 앰버너트, 콘플라워(스노우)

CONCEPT

새해를 맞아 선조들이 복을 기원하며 대문에 걸던 복조리에 꽃을 어렌지하여 행운과 건강을 기원해 보자. 동양적인 스타일과 생동감 있는 색으로 표현한다.

TIP · 장미로 다양한 꽃을 만들어 응용해 보지.

· 장미의 꽃잎을 위아래 반대로 사용하여 멜리아로 만들면 드라마틱한 라넌큘러스 형태의 꽃을 만들 수 있다.

· 복조리에서 복이 흘러 넘치듯 입체감 있게 표현한다.

출산 선물
디자인 방글

준비물

장미(코튼 블루), 카네이션(옐로), 삼지닥 꽃, 유카리(실버), 수국(베이비 블루), 모리소니아

CONCEPT

왕자님 출산을 축하하기 위해 블루 계열의 장미와 파스텔 계열의 노란색 카네이션과 삼지닥 꽃을 이용하여 병실이나 조리원에서도 부담 없이 감상할 수 있도록 디자인한다.

TIP · 갓 태어난 아기와 지친 산모가 편안함을 느낄 수 있도록 부드러운 느낌의 소재와 꽃을 이용하여 그룹핑 형식으로 꽂아준다.

개업 선물

디자인 김수연

준비물

심비디움(골든 옐로), 카네이션(옐로), 수국(화이트, 라이트 그린), 대나무, 종이꽃, 미니아키레아
(옐로), 스타티스(화이트), 루스커스가든(라이트 그린), 이탈리안루스커스

CONCEPT

금전을 의미하는 옐로 컬러의 심비디움을 사용하여 개업을 축하하고 무궁한 발전을 기원하는 의
미를 담는다.

동양적인 느낌의 대나무와 서양적인 느낌이 강한 심비디움을 조화롭게 표현하고 단조로울 수 있
는 옐로 컬러에 강렬한 레드 컬러의 열매를 배치하여 역동적인 느낌을 표현한다.

....

TIP   ·   줄기가 있는 재료를 활용하여 선을 강조한다.

       ·   대나무의 길이, 굵기 등을 다양하게 배치하여 전체적인 리듬감과 생동감을 살린다.

집들이 시계

디자인 **최인자**

준비물

수국(그린), 페퍼베리, 양귀비, 코튼필리카, 버질리아, 살리그넘(그린), 솔방울, 모스, 골든볼, 포플란트

CONCEPT

인테리어 소품으로 활용할 수 있는 시계는 집들이 선물로 아주 좋은 아이템이다. 앞으로 좋은 일들로 가득 차기를 바라며 열매, 수국, 이끼로 풍성하게 어렌지한다.

TIP · 우레탄 폼을 얇게 깔아서 소재들을 높낮이 있게 어렌지한다.

선물하기 좋은 아크릴 포장

디자인 김연종

준비물

장미, 수국, 모리소니아, 플렌티너, 유칼립투스(워시), 모스, 벨벳리프

CONCEPT

큐빅 형태의 투명 어렌지로 작지만 고급스럽게 어렌지할 수 있다. 깨지기 쉬운 유리 화기에 비해 안정적인 아크릴 베이스는 프리저브드 플라워를 외부공기와 차단시켜 일반적인 보존기간보다 더 오랫동안 아름다움을 간직할 수 있게 한다. 어렌지할 때 중심 밸런스를 맞추고 너무 커지지 않도록 신경써야 한다.

TIP · 아크릴 큐브는 360°에서 바라보는 꽃이기 때문에, 장미의 얼굴이 어느 한쪽으로 치우치지 않도록 신경써야 한다

한 송이 꽃다발
디자인 김연종

준비물

장미, 헤데라 잎, 주트, 타공지, 왁싱끈, 장식용 레이스 페이퍼, 우드 단추

CONCEPT

타공지를 이용한 콘형태의 심플한 한 송이 포장은 컬러풀한 색감의 장미를 더욱 돋보이게 만
드는 디자인이다. 장미 한 송이만으로도 기분 좋은 하루를 즐길 수 있다.

그린 꽃다발

디자인 정은영

준비물

튜브 로즈, 핑퐁 국화(옐로, 그린), 린플라워(화이트), 포플란드(화이트, 메이 그린), 소프트 스타
티스, 골든볼, 피토스(워시 옐로), 루스커스

CONCEPT

여름과 어울리는 그린, 옐로, 화이트의 컬러로 벽, 또는 테이블 위에 놓을 수 있는 인테리어 데
코를 제작한다.

TIP · 그린, 옐로, 화이트 등의 여름 들판에서 흔히 볼 수 있는 컬러를 사용한다.

· 한 가지 컬러를 핑크, 레드, 오렌지, 브라운 톤 등으로 매치 후 계절에 어울리는 소재
들을 사용한다면 사계절을 어렌지할 수 있다.

· 최대한 소재들을 길게 잡으면 내추럴한 핸드타이드로 사용이 가능하다.

· 소재를 얇고 길게 묶어주면 갈런드 형태로도 응용할 수 있다.

전시회 축하 꽃다발
디자인 박혜정

준비물

튜브로즈, 카네이션, 프렌치마리안, 스프레이 국화, 스카비오사, 안개, 소프트 아스파라거스, 산위
바인, 몬스테라, 모스, 철제 포장지

CONCEPT

잔잔하고 소박한 들꽃 느낌으로 전시품을 더욱 돋보이게 하며 전시장 분위기를 은은하면서도
고급스럽게 연출해줄 수 있는 벽걸이용 꽃다발이다.

TIP · 철제 화기와 들꽃이 이질적인 느낌이 안들도록 철제 화기 안에 몬스테라와 모스를 둘
러주어 내추럴한 느낌을 연출한다.

· 산위바인으로 흐르는 느낌을 주어 자연스러움을 표현한다.

철제 바구니

디자인 **김연종**

준비물

장미(투톤), 프렌치마리안, 핑퐁 국화(그린), 수국(그린), 루스커스가든, 페퍼베리, 밍펀, 코튼플
라워

CONCEPT

투톤 장미와 핑퐁 국화, 수국 등의 다양한 소재들을 그룹핑하여 볼륨감을 준다. 그린색을 유사
색으로 배색하여 친근하고 친밀한 느낌을 준다.

TIP · 텍스처가 각기 다르도록 다양한 소재를 사용하는 것은 유사색 배색에서 중요한 포인트
이다.

가을 센터피스

준비물

장미(누드 핑크, 오팔, 뉴욕 핑크), 수국, 스타티스, 플렌터너, 페퍼베리, 그린펀, 미니 아키레아,
살레, 줄아이비

CONCEPT

자작나무 껍질을 덧댄 화기에 크랜베리 수국과 장미를 어렌지하여 5월의 장미 정원을 프렌치
스타일로 꾸며준다.

TIP · 자작나무 껍질의 자연스러움과 줄아이비로 내추럴한 감성의 프렌치 스타일을 표현
한다.

예단 꽃

디자인 김수연

준비물

장미(뉴욕 핑크, 선셋 오렌지), 카네이션(누드 핑크), 수국(샤벳 오렌지), 크리스펌(화이트), 페퍼베리(핑크), 곱슬버들, 구니 유칼립투스, 퍼거스

CONCEPT

예단은 며느리가 시부모님을 평생 공경하고 효도하겠다는 의미를 담고 있다. 한국적인 미를 살린 화기에 우아하고 기품 있는 오렌지 컬러의 장미와 사랑스러운 핑크 장미를 믹스하여 고급스럽게 표현한다.

TIP · 동양적인 느낌의 화기를 선정하여 동양의 선을 살린다.

· 곱슬버들 양 끝을 긴 와이어로 처리한 후 우레탄 폼에 꽂아 작업한다.(아이어를 짧게 하거나 생략하면 추후 나무가 탄성에 의해 분리된다.)

· 꽃과 소재의 높낮이를 다양하게 표현하여 입체감과 생동감을 살린다.

· 곱슬버들에 페퍼베리를 조금씩 붙여주면 전체 어렌지에 리듬감과 통일감을 줄 수 있다.

추석을 위한 꽃바구니
디자인 민세령

준비물

장미(골든 옐로), 카네이션(선셋 오렌지, 골든 옐로), 거베라(줄리아 오렌지), 다알리아(오렌지),
솔라로즈, 골든볼, 미니 호박, 짚, 헤데라 잎, 파바폴리아, 쥬트, 건모과

CONCEPT

풍성하고 정겨운 한가위를 위한 바스켓 어렌지

TIP 기을 분위기에 맞는 컬리 조합으로, 비구니의 느낌을 살릴 수 있도록 한디.

· 포장은 자연스러운 느낌이 드는 크라프트지를 이용한다.

· 풍성한 느낌이 들도록 꽃과 열매 등 여러 가지 소재를 사용하고 그린 소재는 조금만 사
용한다.

납골당 리스

디자인 **이은혜**

준비물

다알리아(바이올렛), 수국(화이트, 투톤 바이올렛), 푸베센스(실버), 유카리 잎(실버), 유카리 열매(실버), 페퍼트리(레드), 너트

CONCEPT

국화과 종류의 다알리아를 포인트로 경건한 느낌의 납골당 리스를 만들어보자.

TIP · 사각 리스틀은 시중에서 구하기 어려우므로 우레탄을 이용해 틀을 직접 제작한다.

· 납골당마다 규격이 다를 수 있으니 사이즈를 확인 후 제작한다.

· 리스틀 뒷면에 사진을 붙여 플라워 액자로도 사용할 수 있다.

제단 장식용 화기꽂이

디자인 **이성희**

준비물

장미, 리시안서스, 소국(핑크), 국화(그린), 유스컷, 골든볼, 수국, 린플라워, 측백, 펀, 루스커스 가든, 루스커스

CONCEPT

제단에 올라가는만큼 근엄과 숭배의 의미를 담아 전체적인 톤을 맞추어 어렌지한다.

TIP · 흰색의 화기에 적당한 크기의 핸드타이드 형태의 꽃을 만들어 꽂는다.

· 돌아가신 분이 좋아하셨던 색상이나 꽃으로 만들면 더 의미가 있다.

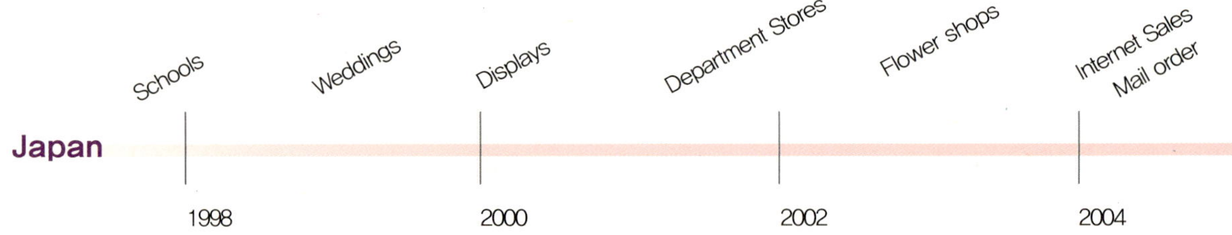

1) 한국의 프리저브드 플라워 산업의 흐름과 규모

국내 프리저브드 플라워 산업은 우선 클래스 분야와 소재의 판매 분야에서 이전과는 다르게 눈에 띄는 성장세를 보이고 있다. 더불어 프리저브드 플라워가 캔들, 아로마 시장과 융합하고 드라이플라워 시장과 동반 성장하고 있어 그 흐름은 계속될 전망이다.

화훼시장과 비교해보면 이런 흐름은 더욱 명확해진다. 지난 1년간 화훼시장의 침체 속에서도 프리저브드 플라워 산업은 빠르게 성장했는데 그 속도는 지난 10년의 변화보다 훨씬 큰 변화였다. 이는 프리저브드 플라워 검색량 수치만 봐도 알 수 있다. 2014년 2천건에서 2015년 2만건으로 검색량이 10배정도 증가하였다.

이제 프리저브드 플라워는 전문가반 수업을 통해 프리랜서 강사가 되고자 하는 여성 인력의 유입이 시작된 단계라고 볼 수 있다. 더불어 다양한 소품숍에서의 판매도 활발해져서 선물 상품으로서도 자리를 잡아가고 있다. 2016년은 다양한 공예 분야의 작가들이 프리저브드 플라워와 공예의 콜라보레이션을 시도하고 있어 일본 시장을 앞설 수 있는 창의적인 아이템의 개발이 이루어질 것으로 전망된다. 프리저브드 플라워는 우리가 예상하는 규모 이상으로 커 나갈 것이라 확신한다. 이제 프리저브드 플라워의 전망보다는 프리저브드 플라워로 '누가 어떤 아이템을 만들어 성공을 할지'가 중요한 시점이 된 것이다. 프리저브드 플라워는 공예적 핸드메이드의

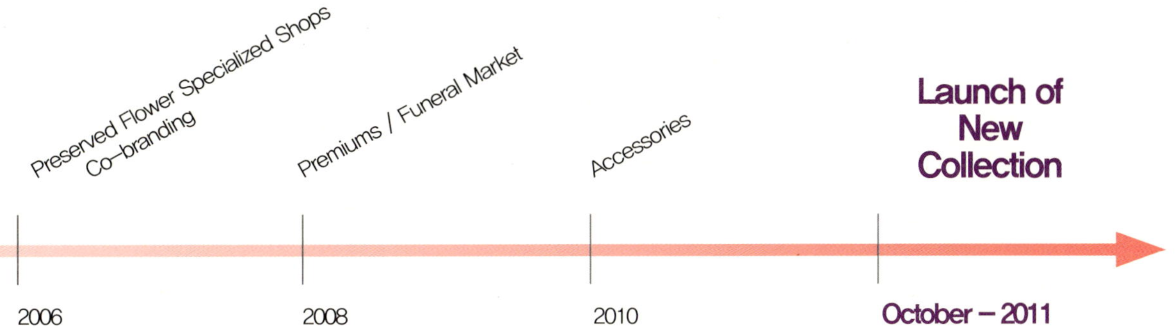

특징과 대량생산이 가능한 공산품적인 특징, 그리고 고급 선물로서의 포지션을 가지고 있어 기존의 공예 분야가 만들지 못한 부의 성공을 가져올 수 있는 산업으로 커갈 것이다.

2) 프리저브드 플라워의 일본 시장 변천사

일본의 경우 2001년도부터 프리저브드 플라워 붐이 일어나 큰 시장을 형성하고 있다. 프리저브드 플라워 작품을 즐기는 인구가 늘어남에 따라 새로운 소재나 다양한 색상의 꽃이 수입되어 유럽에서도 좀처럼 볼 수 없는 독창적인 시장을 형성하며 새로운 기프트 시장의 영역을 만들어 내고 있다.

일본 내 프리저브드 플라워는 1998년 플라워 공방과 아카데미를 시작으로 그 존재를 나타내기 시작해 일본의 불황으로 인한 불안감 속에서 여성창업 아이템으로 각광 받으며 약 20년 이상 가파른 성장세를 유지하고 있다. 2000년 초반 전문 숍들의 오픈과 더불어 다양한 완제품이 시판되며 취미, 레슨, 플라워 마켓에서 큰 호응을 얻게 되었다. 현재 대규모 백화점 명품관과 각종 상업지구 등 일본 내 구석구석에서 다양한 가격대와 디자인의 프리저브드 플라워를 판매하는 숍을 쉽게 만날 수 있다. 지금 일본의 역동적인 프리저브드 플라워 시장에서 한국의 미래를 볼 수 있다.

디자이너 프로필

스튜디오 플라워	cafe.naver.com/lavert blog.naver.com/bylavert	서울 서초구 방배동 837–9 기산빌딩 4층	bylavert@naver.com
김선미	http://florao.kr	서울시 광진구 자양3동	floraodesign@naver.com
김수연	blog.naver.com/lalina3	서울시 강남구 대치동	lalina3@naver.com
민세령	blog.naver.com/midori18	서울 서초구 서초3동	midori18@naver.com
박성주	blog.naver.com/gnere79	대구 달성군 다사읍	gnere79@naver.com
박혜정	www.rinflower.com	서울시 서초구 양재동	rinflower22@naver.com
방글	blog.naver.com/queen8359	인청광역시 남동구 만수동	queen8359@naver.com
손혜정	blog.naver.com/s361034	서울 강남구 논현동 학동역	s361034@naver.com
오흥경	blog.naver.com/pre_amaranth	서울 강남구 도곡동	heung0214@hanmail.net
유화정		서울시 강서구 마곡서1로	haw25@naver.com
윤예지	blog.naver.com/phracia	서울시 서초구 신반포로	phracia@naver.com
이도하	blog.naver.com/dohaflora	서울시 강남구 삼성동	dohaflora@naver.com
이동명	www.timelessflower.com	경기 군포시 고산로	eastshine79@naver.com
이성희		광주광역시 동구 대의동	cccl@lycos.co.kr
이은혜	http://solaflora.kr	서울시 동작구 상도2동	leh30627@naver.com
이정아	instagram ID : mcjeounga		mcjeounga@hanmail.net
정윤지		서울시 강서구 화곡1동	mousik2@hanmail.net
정은영	www.thebriller.com	전북 익산시 신동	thebriller@naver.com
정재희	blog.naver.com/bluechip12	경기도 부천시 원미구 상3동	bluechip12@naver.com
최인자	blog.naver.com/chinja1004	서울시 의정부시 장곡로	chinja1004@naver.com

프리저브드플라워 전문교육기관
스튜디오플라워평생교육원
Tel 02.593.4789

프리저브드 강사자격증 취득과정

10년이 넘는 노하우로 프리저브드플라워를 전문적으로 다룬 강사들의
다양하고 퀄리티 높은 커리큘럼으로 구성 된 수업이 진행됩니다

• 프리저브드강사 민간자격증 자격코스과정
민간등록자격증 등록번호 2014-4599

전문가가 되기 위한 프리저브드플라워에
대한 기초 연구와 상업적 디자인,
상품 제작 방법을 배우는 작업

강사 3급	12회 수업
강사 2급	12회 수업
강사 1급	16회 수업

• 단기수업과정

비지니스 과정
월별 원데이 수업
DIY 수업
웨딩 단기 과정

서울특별시 서초구 서초대로25길 67 기산빌딩 4층
네이버카페 http://cafe.naver.com/lavert

오치는 자연적이고, 푸르며, 매우 평화로운 환경의
일본 서부에 위치하고 있습니다
1955년에 설립 되어 프리저브드와 드라이플라워와 생산에 있어서
일본에서 선두적인 회사입니다

인기 품목은 장미와, 수국과 다양한 종류의 소재들입니다
오치는 최상의 상품을 만들기 위해서 수백종의 상품들을 연구하고 있으며,
인간과 자연의 좋은 관계를 만들기 위해 노력합니다

오치의 철학은 항상 최상의 상품을 만들며, 매년 새로운 상품을 만들어
프리저브드 업계에 최상의 상품을 공급하는 것입니다

꽃과 식물이 좋아지면
그럴땐,
꽃잡지
월간 플로라
Flora
The Special Flower Magazine
01
Season's Theme
Tone on Tone
구독문의   TEL 02.323.9850   FAX 02.6008.2036   E-mail flowernews24@naver.com
1권 7천원, 정기구독 1년 7만원